독일 베를린 대학에서 십수 년에 걸쳐 '루터의 십자가 신학'을 연구하여 박사 논문을 쓴 김용주 박사는 그간에 루터 평전과 루터의 칭의론에 대한 책을 출간하여 독자들에게 공헌한 바가 크다. 최근에는 19-20세기 신학을 원전에 근거하여 소개하는 귀한 일을 시작하여 첫 번째 책에서는 19세기 신학을 다루었고, 이 두 번째 책에서는 20세기 초중반을 주도한 칼 바르트와 루돌프 불트만의 신학 사상을 분석 평가하는 작업을 수행했다.

본서는 단순히 현대 신학 개론서와 같은 2차 문헌에 의지하여 소개하는 차원의 입문서가 아니라, 바르트와 불트만의 주요 원전들을 천착하여 분석하고 평가하는 책이라는 점에서 가치가 있다. 21세기에도 여전히 영향력을 발휘하고 있는 두 신학자들의 사상을 정확하게 이해하고 분석하되, 역사적 개혁주의 관점에서 비판적으로 평가하는 작업을 수행했다는 점도 중요하다. 특히 극과 극의 평가를 낳은 바르트의 성경관이나 예정론이 칼빈주의적 입장과 얼마나 다른지를 예리하게 비판하고 있다. 중요하지만 이해하기가 쉽지 않고, 더욱이 바르게 평가하고 비평하기 쉽지 않은 바르트와 불트만의 신학의 핵심과 문제점이 무엇인지 본서를 통해 잘 파악할 수 있으리라고 생각하여, 많은 신학생들과 목회자들에게 권독한다.

이상웅 총신대학교신학대학원 조직신학 교수, 『박형룡신학과 개혁신학 탐구』 저자

이보다 탁월하게 신정통주의를 이해하고 비평한 개혁신학자는 일찍이 없었다. 신정통주의를 수립한 두 학자는 바르트와 불트만이다. 바르트는 교의신학 분야에서, 불트만은 신약학 분야에서 신정통주의 신학자다. 개혁신학자들 가운데는 신정통주의 신학에 대한 충분한 이해 없이 그저 비평하는 경우도 있다. 하지만 이 책의 저자는 탁월한 독일어 실력으로 신정통주의 신학자인 바르트와 불트만의 1차 문헌(primary source)을 충분히 읽고 온전하게 독해하여 그들이 주장하는 바를 분명히 소개하고, 그것이 개혁신학과 어떻게 다른지를 선명하게 보여 준다. 그리고 신정통주의와 개혁신학 중에 어느 것이 더 성경적인지를 분명하게 제시한다. 이처럼 깊이 있는 신학적 연구를 빛나게 하는 것은 최대한 객관적으로 신정통주의와 개혁주의를 비교하려는 저자의 노력이다. 한 걸음 더 나아가, 이 책은 선명한 논리 전개로 독자를 편안하게 해준다.

신학은 매우 중요하다. 신학에 따라 하나님 이해, 성경 이해, 인간 이해 등이 달라지기 때문이다. 신학은 안경이다. 안경이 잘못되면 모든 것을 제대로 볼 수 없듯이 신학이 잘못되면 모든 것을 제대로 볼 수 없다. 한국 교회에도 신정통주의 신학으로 목회하고 신앙생활을 하는 이들이 적지 않다. 독자는 신정통주의 신학의 성경관, 신관, 구원관 등의 문제점을 이 책을 통해 발견하게 될 것이

다. 저자는 신정통주의 신학은 성경 중심의 계시 의존적 사고가 아니라 관념적 철학에 성경의 옷을 입힌 것이라고 비평한다. 또한 신학은 인간학이라고 말할 정도로 그들이 인간을 위한 신학을 강조했다고 지적한다. 그들이 자유주의를 극복했다고 주장하지만 진정으로 자유주의를 극복했는가라는 질문을 던지지 않을 수 없다고 말한다. 그리고 신정통주의 신학은 너무 매혹적이어서 위험하다고 말한다.

신학생과 모든 목회자가 필독해야 할 책이다. 요즘에는 평신도들 중에도 이런 책을 소화할 만한 이들이 적지 않다. 인본적 신학과 신앙이라는 근시안을 가지고 모든 것을 희미하게 바라보는 하나님의 백성들이 이 책을 안경 삼아 읽음으로써 하나님도 성경도 인간도 분명하게 바라볼 수 있기를 바란다.

박성규 부전교회 담임목사, 『믿음은 물러서지 않는다』 저자신정통주의 신학이란 무엇인가?

신정통주의 신학이란 무엇인가?

김용주

그리스도인을 위한 현대 신학 강의 ❷

바르트와 불트만의 신학
다시 읽기

좋은씨앗

이 땅의 모든 성도들,
그리고 그들을 귀히 여기며
그들과 함께 자라 가기 원하는
목회자, 신학생과 신학자에게 이 책을 드립니다.

그리스도인을 위한 현대 신학 강의를 펴내며

"과연 현대 신학 공부가 필요한가?"라는 질문을 던지면, 보수적 신학 배경에서 자란 사람들은 대체로 두 가지로 대답합니다. 어떤 사람들은 "현대 신학은 어차피 비성경적이고 자유주의 신학이니 공부할 필요가 없다"고 말하고, 다른 사람들은 "우리에게 종교개혁 신학이 있으니 굳이 현대 신학을 공부하지 않아도 얼마든지 목회할 수 있다"고 말합니다. 현대 신학 공부는 필요 없다고 주장하는 것이지요.

진보적 신학을 좋아하는 사람들은 "현대 신학 공부야말로 현대 교회를 갱신할 대안"이라고 하며 현대 신학 공부에 매진합니다. 보수와 진보의 주장 가운데 무엇이 맞는지는 현대 신학을 심층적으로 탐구하여 그 정체를 직접 보여 주는 수밖에 없습니다.

하지만 우리가 현대 신학자들을 연구하여 그들의 주장을 파악하기란 쉽지 않습니다. 왜일까요? 현대 신학은 현대 철학 사상의 영향을 강하게 받으며 태어나서 그렇습니다. 근현대 철학을 모르면서 현대 신학을 이해하기란 불가능합니다. 국내에서 현대 신학에 대한 책을 쓴 사람들은 대개 철학을 전공한 이들입니다. 그러면 철학을 공부하지 않은 사람은 현대 신학을 이해할 수 없는 것일까요?

아니요. 그렇지 않습니다. 현대 신학을 공부하는 것이 쉽지 않고, 그들의 주요 사상을 이해하기 어렵더라도 알려고 애써야 합니다. 무엇보다 현대 신학을 이끈 주요 신학자들의 책들을 읽어 내야 하고, 그들의 사상을 알려고 해야 합니다. 그들의 책들을 읽어 나가다 보면, 우리가 이해할 수 없을 정도로 그리 어렵지 않음을 발견할 것입니다. 또한 현대 신학자들을 다룬 책을 통해서는 이해하기 어려웠던 그들의 주장이, 실제로 그들이 직접 쓴 책을 보면 이해하기가 더 쉬움을 알게 될 것입니다.

저는 현대 신학자들의 책을 원전으로 읽으면서 그들이 가진 사상의 핵심을 파악할 수 있었습니다. 현대 신학을 공부하고 싶어도 어려워서 못하겠다고 말하는 사람들에게 제가 깨달은 것을 알려 주고 싶습니다. 물론, 아무리 내용이 쉬워도 나는 공부하지 않겠다고 하는 사람들도 있습니다. 하지만 교회 안에는 부지불식간에 현대 신학자들과 똑같은 생각을 하는 성도들이 적지 않다는 사실을 알아야 합니다.

입만 열면 자유주의 신학을 비판하는 사람이 사실은 자

유주의 신학자들과 똑같이 말하는 것을 보고는 소름이 돋은 적이 있습니다. 교회 안에는 칸트주의자들도 있고, 슐라이어마허를 따르는 이들도 있고, 리츨이나 하르낙 같은 자유주의자들처럼 말하는 이들도 있고, 바르트나 판넨베르크가 말하는 것과 똑같이 말하는 이들이 있습니다. 우리가 현대 신학자들이 주장하는 바를 정확히 꿰뚫고 있다면, 새롭게 출현하는 신학들의 현주소를 파악할 수 있고, 그런 신학들에 의해 호도될 수 있는 교인들에게 바른 길을 제시할 수 있습니다.

현대 교회가 개혁되고 갱신되려면 모든 성도들이 현대 신학을 분명히 알아야 합니다. 그러려면 성도들에게 심도 있는 신학 책들을 제공해야 합니다. 누군가가 "목사도 이해하기 어려운 현대 신학 책을 성도들이 어떻게 이해할 수 있느냐? 성도는 목사에게 배우면 되지!"라고 말한다면, 그는 가톨릭적으로 말하는 것입니다. 하나님의 진리는 목사도 배워야 하지만 일반 성도들도 배워야 합니다. 그렇다면 하나님의 진리를 다루는 현대 신학도 마찬가지 아닐까요?

그런 의미에서 모든 그리스도인을 위한 현대 신학 강의 시리즈를 기획하게 되었습니다. 이 시리즈는 총 세 권으로 이루어져 있습니다.

1권은 자유주의 신학을 다룹니다. 칸트, 슐라이어마허, 리츨, 하르낙의 저서들을 살펴보면서 자유주의 신학의 발원과 중심 내용을 다룹니다.

2권은 신정통주의 신학을 다룹니다. 대표적 학자인 바르트와 불트만의 신학을 소개하면서 이들의 신학이 자유주의와 정통주의를 어떤 점에서 비판하고 있는지를 보여 주고, 더불어 이들이 말하고자 하는 본래 의도를 다루며, 종교개혁 신학의 관점에서 이들의 신학을 비판할 것입니다.

3권은 몰트만과 본회퍼의 정치 신학을 다룹니다. 그리고 더 나아가 보편사 신학을 주창한 판넨베르크와 로마 가톨릭의 대표적 신학자 라너의 신학을 소개할 것입니다.

저는 현대 신학자들이 쓴 원전을 따라가면서 그들이 말하고자 했던 본래 의도를 밝히 보여 주려고 합니다. 이 책에 대한 최종적인 판단은 독자의 몫일 것입니다.

차례

그리스도인을 위한 현대 신학 강의를 펴내며 • 8
저자 서문 • 15

1부 • 칼 바르트

1. 바르트의 생애 • 21

바르트의 신학사적 위치와 영향 • 출생 및 학업 • 신학적 방향 전환 •
『로마서』 제2판 • 『교회 교의학』과 그 이후의 행적

2. 19세기 신학에 대한 바르트의 평가 • 41

3. 로마서 • 59

『로마서』 서문에 나타난 바르트 신학의 근본 사상 • 인간은 어떻게 하나님을 알 수 있는가? •
예수 그리스도는 누구신가? • 신앙이란 무엇인가? • 역사란 무엇인가? •
종교란 무엇인가? • 『로마서』에 나타난 바르트의 사상과 그에 대한 비판

4. 교회 교의학 • 91

하나님의 말씀론: 성경과 계시에 대한 이해 • 선택론 • 화해론

5. 하나님의 인간성 • 173

하나님의 인간성이란 무엇인가? • 하나님의 인간성을 아는 지식이 가져다주는 효과 •
구원의 보편주의에 대해 변호함 • 결론

6. 바르트 신학에 대한 평가 • 193

2부 • 루돌프 불트만

1. 불트만의 생애 • 205

2. 주요 논문으로 본 불트만 신학의 핵심 사상 • 213

자유주의 신학에 대한 평가 • 하나님에 대해 말한다는 것은 무엇을 의미하는가? •
신약학을 위한 변증법 신학의 중요성 • 기적을 어떻게 받아들일 것인가? •
인간이 하나님과 만날 수 있는 접점이 있는가? •
탈신화화란 무엇인가? • 성경을 전제 없이 해석할 수 있는가?

3. 불트만 신학에 대한 평가 • 297

에필로그 • 신정통주의 신학에 대한 종합 평가 • 304
참고문헌 • 309

저자 서문

'그리스도인을 위한 현대 신학 강의' 첫 책인 『자유주의 신학이란 무엇인가?』를 펴내고 벌써 1년이 지났습니다. 두 번째 책을 좀 더 빨리 쓰려고 했지만 개인적인 일들이 생기고, 바르트의 신학을 쓰는 데 예상했던 것보다 더 어려움을 겪다 보니 이렇게 늦어지게 되었습니다.

『자유주의 신학이란 무엇인가?』가 발간되자마자 언론과 독자들의 반응이 상당했습니다. 〈국민일보〉 기자가 '주목할 만한 신간'으로 간단히 소개하며, 강단에서만 듣던 자유주의 신학에 대해 원전을 중심으로 잘 설명하고 있다고 평했습니다. 이 책과 제 신학에 대한 논평이 〈크리스천투데이〉에도 실렸습니다. 그리고 몇몇 학자들이 이 책을 소개하고 서평을 써 주었습니다. 총신대신학대학원의 이상웅 교수는 페이스북에 이 책을 간단히 소개했고, 대구 푸른초장교회 임종구 목사, 부산의 부전교회 박성규 목사도 좋은

평을 해주었습니다. 평소 잘 알고 지내는 방영민 목사와 민현필 목사도 신문과 페이스북에 뛰어난 서평을 써 주었습니다.

독자들의 반응은 엇갈렸습니다. 그간 그렇게 자주 들으면서도 제대로 알지 못했던 자유주의 신학을 올바로 이해하게 되었다는 말을 가장 많이 들었습니다. 어떤 분들은 술술 읽히는 쉬운 내용이라고 평가했지만, 또 다른 분들은 생각보다 이해하기가 어려웠다고 평가했습니다.

그래서 이 책 『신정통주의 신학이란 무엇인가?』는 이전 책보다 좀 더 쉽게 쓰려고 노력했습니다. 하지만 원전에 기초하여 그들의 주요 작품을 중심으로 쓰겠다는 본래의 기조는 그대로 살려서 썼습니다. 칼 바르트의 신학을 심층적으로 연구하고, 더 많은 지면을 할애했습니다. 지금까지 바르트에 대한 국내 도서나 국내에 번역된 도서에는 나오지 않은 내용이 상당히 있을 것입니다. 칼뱅의 신학에 대한 그의 비판이 상상을 초월한다는 것을 발견하고 나서는 몹시 놀랐습니다. 아마 독자들도 상당히 큰 충격을 받게 될 것입니다. 그리고 불트만에 대해서는 독자들이 그를 좀 더 객관적으로 이해하도록 돕기 위해 그의 주요 논문을 좀 더 상세히 다루려고 애썼습니다.

아무쪼록 이 책이 독자들에게 20세기 최고의 신학자인 바르트와 불트만의 신학에 대한 새로운 지식을 제공하는 동시에 신선한 도전을 주기를 기대합니다.

    이 책을 위해 기도해 주시고 아낌없는 성원을 보내 주신 분당두레교회 성도들과 지인들, 그리고 국내외 독자들에게 감사드립니다. 또한 이 책을 출판하기 위해 심혈을 기울여 주신 좋은씨앗 출판사에 감사드립니다.

2019년 8월
분당두레교회 목양실에서
김용주

1부

칼 바르트

(1886-1968)

Karl Barth

1.
바르트의 생애

바르트의 신학사적 위치와 영향

20세기 신학사에서 칼 바르트가 차지하는 위치는 가히 독보적입니다. 그를 모르고는 20세기 신학을 논할 수 없을 정도입니다. 인기 있는 교수였던 그는 개신교 저술가로서는 가장 많은 양의 책을 썼습니다. 그의 초기 작품인 『로마서』(*Der Römerbrief*)는 전 세계적으로 베스트셀러가 되었고, 『교회 교의학』(*Kirchliche Dogmatik*)도 개신교 정통주의 계열을 제외한 진영에서 교의신학의 고전이 되었습니다.

그는 사회에 대한 교회의 역할을 강조하면서 제2차 세계대전이 끝나기까지 히틀러에 맞서 투쟁했습니다. "바르티안"이라 불리는 그의 추종자들이 전 세계에 있습니다. 오늘날까지 그의 신학은 유럽과 미국, 일본과 한국에서 큰 영향을 끼치고 있습니다.

우리나라만 하더라도 장로회신학교, 감리교신학대학교, 한신대학교, 연세대학교, 이화여자대학교 등의 중도 혹은 진보 성향을 보이는 신학교에서 바르트의 『교회 교의학』이 거의 교과서로 사용될 정도입니다. 하지만 그는 미국과 한국의 보수주의 교단으로부터 비판을 많이 받는 신학자이기도 합니다. 한쪽은 찬양 일변도로 나가고, 다른 한쪽은 비판에만 초점을 맞추니, 바르트를 좀 더 객관적으로 평가하고 싶은 열망이 생깁니다.

바르트를 객관적으로 평가하려면 그의 공(功)과 과(過)를 평가해야 합니다. 그의 공은 슐라이어마허에서 시작하여 자유주의에 이르기까지 모든 인간 중심적이고 내재주의적인 신학을 시원하게 깨부수었다는 것입니다. 하지만 그의 과에 대한 평가는 쉽지 않습니다. 칼뱅주의자들은 그가 그들이 신봉하는 예정론을 비판하고, 만인구원론과 유사한 화해론을 창안했다는 점에서 교회에 큰 해를 끼쳤다고 봅니다. 반면에, 다른 진영에서는 그의 화해론을 극찬합니다. 그리고 성경의 영감에 대한 이해에서는 그가 역사 비평학을 수용했기 때문에 미국의 구 프린스턴 신학자 워필드와 찰스 핫지의 완전 영감론을 따르는 진영으로부터 공격을 받았습니다. 우리가 바르트를 올바로 평가하려면, 그의 생애와 핵심 저서들을 통해 그의 사상을 검토해야 합니다.

출생 및 학업

바르트는 스위스 바젤에서 태어났습니다. 아버지는 바젤의 베른 신학대학의 실천신학 교수였고, 어머니는 독일의 유명한 교수 집안의 출신이었습니다. 이런 가족의 분위기로 인해 일찍부터 신학자의 소양이 자연스레 길러졌을 것입니다.

베른에서 공부하던 바르트는 독일로 가서 베를린 대학에서 신학을 공부하다가 자유주의자들의 영향을 받게 됩니다. 베를린 대학의 아돌프 폰 하르낙(Adolf von Harnack)과 마르부르크 대학의 빌헬름 헤르만(Wilhelm Herrmann)으로부터 가장 큰 영향을 받습니다. 하지만 나중에는 하르낙에게서 등을 돌리게 됩니다. 그렇게도 믿고 따랐던 하르낙이 제1차 세계대전을 일으킨 빌헬름 황제의 전쟁 계획에 찬성했기 때문입니다.

목사가 된 바르트는 한동안 자유주의 신학에 근거하여 사역했습니다. 목회 초년생으로서 공장 지대인 스위스 자펜빌의 작은 교회에서 사역을 시작했습니다. 그는 이 교회를 목양하면서 자펜빌의 공장 노동자의 비참한 상황을 목격하고 사회 운동에 관심을 갖기 시작합니다. 그들의 권익 보호를 위해 점점 노동 운동에 뛰어들었고, 당시 헤르만 쿠터(Hermann Kutter)와 레온하르트 라가츠(Leonhard Ragaz)가

주축이 되어 스위스에서 펼치던 종교사회주의 운동에 심취하게 되었습니다. 비록 잠시였지만 그는 사회주의적 이념을 표방하는 사회민주당의 당원도 되었습니다.

하지만 자펜빌에서 목회 활동과 정치 참여 활동을 하다가 커다란 심적 변화를 겪게 됩니다. 독일의 바트볼에서 사역하는 블룸하르트(Blumhart) 부자(父子)의 영향을 받게 된 것입니다. 아버지 블룸하르트는 "예수는 승리자시다"라는 구호를 외치며 많은 사람들의 병을 고치고 귀신을 쫓아내어 유럽 전역에 명성이 자자했습니다. 그의 사역은 아들 블룸하르트에게로 이어졌습니다. 아들도 아버지처럼 병 고치는 사역과 축사 사역을 했습니다.

블룸하르트 부자에게 하나님은 자유주의자들이 말하는 윤리적이고 부르주아적 사회를 만들어 주시는 분이 아닙니다. 이 세계를 초월해 계시면서 예수 그리스도를 보내 이 세계의 악을 제압하시고 그분의 뜻대로 이 세계를 만들어 가시는 하나님입니다. 인간의 예상과는 다르게 행동하시는 하나님입니다. 예수 그리스도는 단지 도덕 교사가 아니라 이 세상에서 악의 세력을 쫓아내고 악으로 인해 고통받는 인간을 치료하시는 하나님입니다.

에버하르트 윙엘(Eberhard Jüngel) 교수는 바르트의 대표적 교리인 화해론이 바트볼의 성경 묵상집에서 나왔다고 말할 정도로 바르트가 블룸하르트 부자에게서 큰 영향을 받았다고 주장합니다.¹ 하지만 바르트가 자유주의 신학에서 돌아서서 종교 개혁 신학으로 돌아가게 된 근본적인 원인은 다른 데 있습니다.

신학적 방향 전환

바르트가 신학적 방향을 완전히 바꾼 계기는 교회의 성도들 때문입니다. 그는 자신이 배운 자유주의 신학에 기초하여 설교했지만 성도들은 변화되지 않았습니다. 그들은 일요일이 되면 교외(郊外)로 나갔고, 교회(敎會)로 오지 않았습니다. 바르트는 그 원인을 찾으려고 골똘히 연구하면서 성경에 관심을 갖기 시작합니다. 특히 바울에 관심을 갖고 로마서를 읽으며 공부했습니다.²

그러다가 바울이 로마서에서 말하는 내용과 자유주의 신학자들이 말하는 내용이 다르다는 것을 알아채기 시작했습니다. 그는 친구 투르나이젠(Thurneysen)에게 자기 심경을 토로했고, 바울에 대해 연구한 내용을 적은 노트를 친구들에게 보여 주었습니다. 그 노트를 바탕으로 1919년에 『로마서』가 출간되었습니다. 그는 『로마서』에서 자유주의

---

1 Eberhard Jüngel, *Karl Barth, TRE Bd, 5*, Walter de Gruyter, Berlin/New York, 251-268.

2 Eberhard Busch, *Karl Barths Lebenslauf*, Chr. Kaiser Verlag, 1975, 109 ff.

신학을 비판하고 종교개혁의 전통을 붙잡습니다. 이 책은 전문가 그룹에게 높은 평가를 받았지만, 독자들에게는 큰 반향을 불러일으키지 못했습니다. 그는 로마서를 계속 연구하여 1922년에 『로마서』 제2판을 출간하게 됩니다.

『로마서』 제2판

바르트는 『로마서』 제2판은 제1판을 개정한 정도가 아니라 근본적으로 새롭게 쓴 것이라고 말합니다. 『로마서』 제2판은 유럽의 신학계를 뒤흔들어 놓았습니다. 한 신학자는 "아이들이 놀고 있는 유치원에 떨어진 폭탄과 같다"고 표현했습니다. 이 책을 통해 바르트는 자유주의 신학에서 돌아서고, 한동안 몸담았던 종교사회주의와도 거리를 둡니다. 그리고 그동안 높이 평가하지 못했던 종교개혁자들에게로 눈을 돌리고 그들의 영감론과 하나님 중심의 신학에 경의를 표합니다. 바르트가 신학을 다시 정통 신학으로 돌려놓았다고 해서 '신(Neo)정통주의자'라는 칭호를 얻게 됩니다. 또한 '변증법 신학자'라는 칭호도 얻었는데, 이 책에 변증법적 요소가 빈번하게 나타났기 때문입니다.

변증법 신학(Dialektische Theologie)이란 개념은 신학자와 목사로 구성된 한 그룹을 지칭하기 위해 사용된 것입니다. 이 그룹은 비교적 젊은 개신교 신학자들인 칼 바르트, 루돌프 불트만(Rudolf Bultmann), 프리드리히 고가르텐(Friedrich Gogarten), 에밀 브루너(Emil Brunner), 에두아르트 투르나이젠(Eduard Thurneysen) 등으로 이루어졌습니다. 1913년 이후로 이들은 자기 스승인 자유주의 신학자들에게 반대하며 등장했습니다. 1922년에는 잡지 〈시간의 사이〉(*Zwischen den Zeiten*)를 만들어 유럽의 신학에 새로운 활력을 불어넣었습니다. 이들이 스스로 '변증법 신학'이란 용어를 사용했다기보다는 이 신학이 변증법적 성격을 강조하다 보니 그렇게 불리게 된 것입니다. 이 신학의 특징은 종교를 비판하고, 종말론과 하나님의 초월을 강조하며, 기독론에 집중하고, 성경에 근거한 신학을 하며, 신앙은 여러 세계관에 종속된 것이 아니라 독자적인 영역이라 주장하고, 국가와 세계에 대한 교회의 자율을 강조했습니다.[3]

이 신학은 신앙의 역설적 성격과 대화적 성격을 강조하기 때문에 '역설의 신학'(Theologie des Paradoxes)이라고도 칭해졌습니다. 이 운동을 이끄는 신학자들은 신앙의 역설적 성격을 강조하고, 이성 중심의 존재 유비적 신학으로 흘러가는 자유주의 신학을 비판했습니다. 이들은 하나님은 숨어 계시므로(deus absconditus), 우리가 이성을 통해 하나님을 이해하는 것은 불가능하며, 오직 신앙을 통해 받아들여

---

[3] Volker Drehsen, Hermann Häring, Karl-Josef Kuschel, Helge Siemers, *Wörterbuch des Christentums*, Orbis Verlag, München 2001, 249 ff.

야 한다고 강조했습니다. 또한 키르케고르(Kierkegaard)의 영원과 시간의 변증법의 영향을 받았기 때문에, 이들은 인간은 하나님을 변증법적으로만, 즉 하나님과 인간의 대화를 통해서만 알 수 있다고 주장했습니다.

이 신학자들은 순례자의 길을 걷는 인간이 하나님 앞에서 항존적 위기 아래 놓여 있다고 말했습니다. 그래서 사람들은 이들의 신학을 '위기의 신학'(Theologie der Krise)이라고도 불렀습니다. 그리고 하나님과 인간의 관계의 다리는 오직 하나님의 말씀을 통해서만 이루어질 수 있다고 말했기 때문에 '말씀의 신학'(Theologie des Wortes)이라고도 불렀습니다.

『로마서』 제2판의 출간으로 인해 바르트는 혜성과 같이 떠오른 스타 신학자 대접을 받습니다. 그는 독일의 괴팅겐 대학과 뮌스터 대학에서 1920년대를 보냅니다. 괴팅겐 대학으로부터 객원 교수 초빙을 받고 그가 한 첫 번째 강의는 종교개혁자 칼뱅에 대한 강의였습니다. 이는 개신교가 다시 종교개혁으로 돌아가야 한다는 바르트의 생각의 시위라고 볼 수 있습니다. 하지만 그는 칼뱅의 『기독교 강요』를 정통 신학의 관점에서 받아들이지 않고 변증법 신학의 관점에서 해석합니다.

바르트는 목회자들의 모임을 비롯하여 여러 곳에서 특강을 해달라는 초청을 받았습니다. 가장 유명한 특강은

1922년에 한 '신학의 과제로서 하나님의 말씀'입니다. 이 강연 전에도 『로마서』 제1판을 발행한 후 1920년에 아라우에서 '성서적 전망, 통찰과 전망'이라는 제목으로 강연을 했으며, 그 연장선상에서 '성서 안에 있는 새로운 세계', '하나님 말씀에의 봉사', '그리스도적 선포의 필요와 약속' 등의 주제로 강연을 했습니다.[4] 그는 '신학의 과제로서 하나님의 말씀' 강연에서 목회자가 전념해야 할 과제는 세상 역사의 진보나 문화의 창달이 아니라 하나님의 말씀이 되어야 함을 강조합니다. 가장 널리 알려진 문장은 다음과 같습니다.

> 나는 우리의 상황을 다음의 세 문장으로 정리하고자 한다. 우리는 신학자로서 하나님에 대해 말해야 하지만 우리는 인간이며, 인간으로서는 하나님에 대해 말할 수 없다. 우리는 우리의 '해야 한다'(sollen)와 '할 수 없다'(micht können) 이 두 가지를 알아야 하며, 바로 이것으로 하나님께 영광을 돌려야 한다. 이것이 우리가 처한 곤경이며, 이것에 비하면 다른 모든 것은 한낱 어린아이의 장난에 불과하다.[5]

바르트는 신학의 과제가 다른 것들, 예를 들어 역사의 발전이나 문화의 창달에 있는 것이 아니라 오직 하나님의

---

4 칼 바르트, 『말씀과 신학: 칼 바르트 논문집 I』, 대한기독교서회, 1995.
5 같은 책, 93.

말씀이라는 것을 분명히 합니다. 그는 신학자로서 일생 동안 이 과제에서 벗어나지 않고 충실했습니다. 앞의 인용글에서 그는 우리가 하나님을 어떻게 알 수 있는지에 대해 말하고 있습니다. 그는 하나님은 역사 비평학적 연구 방법이 아니라 변증법적 방법을 통해서만, 즉 '예'(Ja)와 '아니요'(Nein)를 통한 하나님과의 지속적인 대화로만 알려질 수 있다고 말합니다.

바르트가 『로마서』 제2판을 통해 정통주의 신학으로 선회한 것처럼 말했지만, 정통주의 진영에서는 바르트의 신학이 종교개혁자 루터나 칼뱅이 가르친 신학과 다르다는 사실을 알아차리고 그의 신학을 비판했습니다. 영감론에 충실한 정통주의 신학자들은 그가 역사 비평학도 함께 수용한다는 사실이 못마땅했습니다. 또한 정통주의가 강조하는 교리를 소홀히 하면서 하나님과 인간의 관계를 '예'와 '아니요'의 변증법적 관계로 파악하려 한다는 점도 받아들일 수 없었습니다.

바르트는 정통주의 신학자들과만 사이가 멀어진 것이 아니라, 변증법 신학운동을 함께해 온 불트만, 고가르텐, 브루너와도 멀어지게 됩니다. 소위 신정통주의자들은 한 가지 목표를 향하면서도 그 목표를 이루는 방법에서 강조점이 서로 달랐습니다. 이들의 공통점은 바르트가 강조한 기독론적인 집중입니다. 하지만 바르트의 신학이 하나님의 현실을 강조하면서 인간 현실의 지평을 잃어버릴 위험이 있다는 것을 그와 함께 신정통주의 운동을 펼친 학자들이 인식하게 되었습니다. 이들은 자신들의 주장을 펼치면서 바르트가 자기 신학의 약점을 보완하기를 촉구했습니다. 헤르만 피셔(Hermann Fischer)는 이들의 주장을 이렇게 요약합니다.

불트만은 케리그마를 인간의 선이해(Vorverständnis)와 지속적으로 관계시키면서 해석한다. 브루너는 신적 소식이 특별한 방식으로 인간 안에 접촉점(Anknüpfungspunkt)을 가지고 있다는 것에 관심을 가진다. 고가르텐에게는 하나님의 율법이 자신을 변화시키는 표현으로서 역사적 현실(geschichtliche Wirklichkeit)이라는 것이 신학적 중요성을 획득한다. 알트하우스(Althaus)는 복음이 구원 계시(Heilsoffenbarung)를 거슬러 올라가서 원시 계시(Ur-Offenbarung)와 관계된 것으로 본다. 엘러트(Elert)는 율법과 복음이 반립(反立)한다는 엄격한 관계 규정에도 불구하고 율법을 하나님의 숨어 계심 가운데서 인간의 자기 경험이라고 말한다. 히르쉬(Hirsch)는 기독교 진리의 인식을 현대의 (서구의) 진리의식(Wahrheitsbewußtsein)을 통해 펼친다. 틸리히는 결국 인간적 질문과 신적 대답이라는 상관관계(Korrelation)를 그의 조직신학의 방법론적 건설 원칙으로 갖는다.[6]

---

[6] Hermann Fischer, *Systematische Theologie*, Verlag W. Kohlhammer, Stuttgart Berlin Köln 1992, 122-123.

피셔가 언급한 이들의 생각을 종합하면, 인간과 역사적 현실이 복음을 받을 수 있는 토양 역할을 한다는 것입니다. 이것이 율법의 역할을 하여 인간의 죄를 폭로하는 기능을 한다고 봅니다. 그리고 복음은 인간의 이런 현실과 별개가 아니라 매개로 하여 전해질 수 있고 또 전해져야 한다고 봅니다. 하지만 일반 계시를 수용하지 않는 바르트는 계시의 접촉점을 주장하는 이들의 주장을 받아들일 수 없었습니다.

바르트는 복음을 세상과 연결시키려는 고가르텐을 비판하고, 일반 은총을 말하면서 하나님의 계시에 인간이 받아들일 수 있는 접점(Contact Point)이 있다고 주장한 브루너를 비판하며, 비신화화를 주장하면서 부활을 신화화하려는 불트만을 비판했습니다. 결국 이들의 공동전선은 무너졌고, 이 운동도 자연스럽게 와해되었습니다.

『교회 교의학』과 그 이후의 행적

바르트는 하늘과 땅, 진노와 은총, 율법과 복음, 계시와 문화 등을 변증법적으로 설명하는 데 한계를 느끼게 되었습니다. 무엇보다, 그의 신학은 교회에서 목회하는 설교자들에게 도움을 주기가 어려웠습니다. 설교는 하나님에 대해 정언적 선포를 하는 것인데, 그의 신학의 변증법적 성격으로 인해 진리를 정언적으로 선포할 수 없어서 목회적 문제가 생기게 됩니다. 그는 괴팅겐 대학으로 초빙되어 강의하면서 이런 점을 보완하기 시작했습니다.

바르트는 괴팅겐 대학과 뮌스터 대학에서 종교개혁자 루터와 칼뱅 연구를 더욱 심화시켜 나가면서 교회의 설교를 돕는 교의학을 집필하려는 욕구를 갖게 되었습니다. 그는 괴팅겐 대학에서 1924년에 『기독교 강요』(Unterricht in der christlichen Religion)를, 뮌스터 대학에서 1927년에 『기독교 교의학 개요』(Die christliche Dogmatik im Entwurf)를 집필합니다. 그리고 본 대학에서(1930-1935년), 중세의 한 신학자로부터 큰 도전을 받게 됩니다. 바로 12세기 스콜라 신학자 안셀무스입니다. 스콜라 신학의 창시자 안셀무스는 "나는 알기 위해 믿는다"(credo ut intelligam)는 유명한 말을 남겼습니다. 안셀무스는 하나님을 신앙한다는 전제 아래 구속의 역사를 이성으로써 합리적으로 이해하려고 시도했습니다.

바르트는 하나님과 인간은 질적 차이가 있으므로 인간은 하나님에 대해 이해할 수도 없고 글을 쓸 수도 없다고 여겼습니다. 그러나 안셀무스가 말한 "지성을 추구하는 신앙"(fides quaerens intellectum)을 통해—즉 신앙의 유비(analogia fidei)를 통해—하나님에 대해 말할 수 있다고 여기게 되었습니다. 그는 이런 생각의 기초 위에 방대한 양의 자료들을 모아서 『교회 교의학』을 써 나갔습니다. 하지만 이 책은 미

완성 교향곡으로 남게 되었습니다.

바르트는 이런 학문적 활동에만 전념하지 않았습니다. 히틀러의 무력 통치를 반대하는 신학자들이 모인 고백교회(Bekennende Kirche)의 진영에 서서 '바르멘 선언'(1934년)을 작성합니다. 히틀러를 반대하는 투쟁의 이념 문서인 이 문서의 첫 번째 항은 이렇게 기록되어 있습니다. "예수 그리스도는 성서에서 증거되는 바와 같이, 삶과 죽음 속에서도 우리가 들어야 하고 복종해야 하는 하나님의 말씀이다. 우리는 복음 전파의 근원인 교회가 이 하나님의 말씀 외에 다른 어떤 사건, 힘, 형태, 진리들을 하나님의 계시로 인정할 수 있고 또 인정해야 한다고 가르치는 거짓 가르침을 배격한다."

그는 하늘과 땅에서 우리가 섬겨야 할 주는 오직 예수 그리스도 한 분이며 우리는 두 주인을 섬길 수 없다고 주장한 것입니다. 그리고 수업을 시작하기 전에 반드시 해야 하는 히틀러에 대한 선서를 거부하여 교수직에서 해임됩니다. 결국 그는 스위스로 망명하여 그곳에서 히틀러를 반대하는 투쟁을 하고, 바젤 대학을(1935-1962년) 중심으로 가르치는 일을 계속하며 『교회 교의학』을 써 나갔습니다.

이 시기에 바르트는 초기의 변증법 신학에서 말씀의 신학으로 돌아서게 되며, 예수 그리스도를 중심으로 한 은총의 신학으로 나아갑니다. 그리고 1943년에는 칼뱅의 예정론을 정면으로 비판하고, 만세 전에 예수 그리스도 안에서 모두가 선택되었다는 화해론을 주장함으로써 칼뱅주의 추종자들과 갈라서게 됩니다. 1948년에는 WCC(세계교회협의회) 창립총회의 강사로 초청받아 '하나님의 구원 계획과 세계의 무질서'라는 제목으로 강연하면서 화해론을 이 운동의 이론적 기초로 세우며, 개혁주의 노선과 좀 더 확실히 선을 긋습니다.

바르트는 후기에 '하나님의 인간성'(1956년)이라는 강연을 통해, 자신이 초기에 강조했던 '전적 타자로서의 하나님'에 대해 수정하겠다고 천명합니다. 그는 사람의 몸을 입고 우리와 함께하시는 하나님에 대해 말하면서, 자신이 초기에 극도로 비판했던 자유주의적 강조점을 되살립니다. 하지만 정치 문제에 대해서는 변함없이 급진적인 태도를 취합니다. 자본주의나 공산주의 등의 당파성을 뛰어넘는 급진적인 정치를 주창합니다.

히틀러의 통치가 끝났는데도 그가 계속하여 정치 문제에 예민했다는 점이 이해하기 어려울 것입니다. 하지만 바르트는 신학과 정치를 분리시켜 생각한 적이 없습니다. 초기에는 종교사회주의 운동에 적극적으로 참여했지만 『로마서』를 통해 이 운동에서 빠져나왔습니다. 하지만 히틀러의 나치 정권을 지속적으로 비판했고, 제2차 세계대전이 끝난 후에는 서구가 자본주의를 받아들이고 공산주의를

비판하는 노선에 대해 비판하여 심지어 공산주의자라는 말까지 들었습니다.[7]

바르트는 가톨릭교회에 대해서는 처음부터 비판적이었지만 항상 대화의 문을 열어 두었습니다. 예를 들어, 『교회교의학』을 쓸 때는 안셀무스의 '존재의 유비'(analogia entis)를 받아들였습니다. 이는 그가 가톨릭 신학으로 돌아선 것은 아니더라도 대화의 문은 열어 놓았다는 사실을 의미합니다. 그는 1943년에 본격적으로 화해론을 가르치고, 1956년에 하나님의 인간성을 강조한 후에 가톨릭 신학과 더 가까워집니다.

가톨릭 신학자들은 바르트가 칭의 문제에 대해 루터의 입장을 받아들이지 않자 고무됩니다. 가톨릭 신학자 한스 우르스 폰 발타자르(Hans Urs von Balthasar)나 한스 큉(Hans Küng)은 바르트의 칭의론이 종교개혁 당시 가톨릭 칭의론을 확정했던 트리엔트 종교회의의 칭의론과 다름없다고 주장했습니다. 이후에 발타자르가 바르트의 자서전을 쓰면서 가톨릭과 바르트의 거리는 더 가까워집니다. 가톨릭은 1969년에 열린 제2차 바티칸 회의에 바르트를 초청했고, 그는 환영을 받으며 그 회의에 참여했습니다.[8] 이 일로 인

---

[7] Hermann Dembowski, *Barth Bultmann Bonhoeffer*, CMZ-Verlag, Winrich C.-W. Clasen, 2003, 46 ff. (『변증법적 신학의 이해: 바르트 불트만 본회퍼』 한국신학연구소)

[8] Hans Urs von Balthasar, *Karl Barth: Darstellung und Deutung seiner Theologie*, Johannes Verlag Einsiedeln, 4 unveränderte Auflage, 1976, 389 ff.

해 바르트는 개신교의 개혁 보수 진영과 더욱 멀어지게 됩니다.

개신교 진영에서 유명 신학자가 된 바르트는 미국을 비롯한 여러 나라에 초빙되어 강의를 했습니다. 그의 책은 여러 나라 언어로 번역되어 세계 곳곳에 바르티안을 만들어 냈습니다. 물론 바르트 자신은 바르티안이라는 말을 듣는 것을 좋아하지 않았습니다. 그는 평소에 담배를 입에 물고 살 정도로 골초였습니다. 그를 우리나라에 초청한 어느 목사가 한국에서는 담배를 피우지 말아 달라고 부탁했다는 일화가 전해지고 있습니다. 그리고 바르트는 일찍부터 모차르트를 좋아했다고 합니다. 자신이 좋아하는 모차르트의 음악을 들으면서 스위스 바젤에서 죽음을 맞이합니다.

바르트는 개신교 역사상 루터와 칼뱅 이후에 책을 가장 많이 쓴 사람입니다. 그는 강의와 강연, 신문 기고 등을 통해 수많은 글들을 남겼습니다. 이 모든 글들을 읽고 그에 대해 쓴다는 것은 거의 불가능합니다. 그의 글은 어렵기로 소문이 나 있습니다. 때로는 한 문장이 너무 길어서 쉼표를 찾으려면 한참 걸립니다. 아무리 독일어에 정통한 사람이라고 해도 바르트 특유의 난해한 문체 때문에 그의 말을 이해하는 데 어려움을 겪습니다. 그는 철학과 신학뿐만 아니라 일반 학문에도 박식합니다. 따라서 그의 저서를 통해 그의 생각을 읽어 내기란 결코 쉽지 않습니다.

바르트의 정체가 아직도 정확하게 파악되지 않는 것은 그가 글을 너무 어렵게 쓰기 때문입니다. 최근에 진보 진영을 중심으로 그의 대표적인 책들이 번역되고 그의 자서전과 그에 대한 논문들이 나오고 있지만 여전히 그를 이해하기가 쉽지 않습니다. 보수 쪽에서는 김영한 교수가, 진보 쪽에서는 김균진 교수가, 그리고 중간지대에서는 김명룡, 이신건 교수 등이 그를 소개하고 있습니다. 하지만 세계 신학계에 알려진 수준이라고밖에 말씀을 드릴 수 없습니다.

우리가 바르트를 이해하려면 그의 대표작인 『로마서』 제2판, 『교회 교의학』, 『하나님의 인간성』을 심층적으로 연구해야 합니다. 『로마서』는 그가 변증법 신학 운동을 하던 시점에 쓴 책이고, 『교회 교의학』은 그가 말씀의 신학으로 전환한 후에 쓴 책입니다. 이 두 책 사이에는 연속성도 있고 불연속성도 있습니다. 먼저 이 두 책을 중심으로 바르트의 핵심 사상을 찾아보고, 마지막으로 『하나님의 인간성』을 살펴보면서 그의 신학이 어떤 점에서 크게 전환되었는지를 파악하고자 합니다.

하지만 『로마서』를 살펴보기 전에, 먼저 바르트가 19세기 신학에 대해 평가한 글을 먼저 살펴보는 것이 좋겠습니다. 그 글을 통해 19세기의 신학적 흐름을 파악할 수 있고, 바르트가 왜 자유주의 신학과 19세기 신학에서 돌아서게 되었는지를 이해할 수 있기 때문입니다. 이런 선지식에서 시작하면 『로마서』를 훨씬 더 잘 이해할 수 있습니다.

2.
19세기 신학에 대한 바르트의 평가

'그리스도인을 위한 현대신학 강의' 첫 번째 책『자유주의 신학이란 무엇인가?』를 통해 이 신학의 장단점이 어느 정도 전달되었다고 생각합니다. 하지만 자유주의 신학을 폭격하면서 갑자기 등장한 칼 바르트가 이 신학과 19세기 신학을 어떻게 이해했는지를 우리가 아는 것이 매우 중요합니다. 한국의 바르트 연구가들이 바르트가 19세기 신학과 어떤 관계를 가지고 있었는지에 대한 개괄적인 소개 없이 곧바로 그의 책『로마서』로 들어가기 때문에 독자들이 이해하기가 쉽지 않은 것입니다. 그가 19세기 신학을 어떻게 이해했는지에 대해 직접 말한 내용을 살펴본다면,『로마서』를 훨씬 더 잘 이해하게 될 것입니다.

바르트는 19세기 신학을 제대로 알아야 20세기 신학이 나아갈 방향이 무엇인지 알게 된다는 생각으로『19세기 개신교 신학』을 씁니다. 그는 이 책에서 슐라이어마허 이후의 개신교 신학의 역사를 이해하고 설명하는 것이 신학의 과제라고 말하면서, 18세기의 일부 신학자들에 대해 설명한 후에 슐라이어마허의 신학부터 리츨의 신학에 이르기까지 상세하게 설명합니다.[1] 하지만 우리가 이 책을 다 읽어 내기는 쉽지 않습니다. 다행히 이 책의 요약판이라고 할 만한 작은 책이 있습니다.

바르트는 1957년에 하노버에서 열린 괴테학회에 초청을 받아 '19세기 개신교 신학' 강연을 합니다. 이 강연 원고는 나중에 『한 세기의 파노라마』라는 제목으로 출판되었습니다. 바르트는 이 책에 19세기의 신학을 요약정리해 놓았습니다. 19세기 신학의 긍정적인 면과 부정적인 면을 함께 밝히겠다는 소신을 가지고 주로 독일어권의 개신교 신학을 중심으로 다룹니다. 그의 주장은 다음과 같이 요약할 수 있습니다.

첫째, 바르트는 먼저 19세기 태동에 영향을 미쳤던 문학과 철학 사상들에 영향을 받아 19세기 신학이 엄청난 변화를 겪게 되었다고 말합니다.

바르트는 19세기 신학은 낭만주의와 사변적 관념론 그리고 실증주의 등의 사상들에 심각한 도전을 받게 되었을 때,

---

[1] *Die protestantische Theologie im 19. Jahrhundert*, TVZ, 6. Auflage, 1994. 1 ff.

그것들과 정면으로 맞서 싸워 이기지 못하고, 도리어 그 당시에 재발견된 칸트의 인식론과 윤리론으로 퇴각하고 칸트의 관점에서 재발견된 루터 해석으로 되돌아갔다고 비판합니다. 그 결과로 신학은 개인의 순수한 종교적 경험을 다루는 학문으로 전락하여 개인의 윤리 의식을 깨우고 촉진시키는 역할만을 감당하게 되었고, 종교사 일반을 다루는 철학이 되어 버렸으며, 그 가운데서 특별히 그리스도교 종교를 취급하는 분야로 전락해 버렸다고 말합니다.[2]

하지만 그는 신학자들의 이런 후퇴의 흐름에서 새로운 탈출구를 찾은 국외자들이 있었다고 말하며, 요한 크리스토프 블룸하르트(Johann Christoph Blumhardt), 프란츠 오버베크(Franz Overbeck), 키르케고르를 언급합니다. 바르트는 이들 비주류 신학자들의 도움을 받아 19세기의 주류 신학을 비판합니다. 우리는 바르트의 대표작 『로마서』가 이들의 영향을 많이 받았다는 것을 알 수 있습니다.

둘째, 바르트는 자신이 한때 몸담았던 자유주의 신학으로부터 결정적으로 돌아서게 된 이유를 다음과 같이 적습니다.

93명의 이른바 독일 지성인들이 빌헬름 2세와 그 자문위원들의

---

2 칼 바르트, 『하나님의 인간성』, "19세기 개신교신학", 새물결플러스, 2017, 16-17.

전쟁 정책(제1차 세계대전)을 지지한다고 언론에 공표했던 것이다. 그 지성인들 명단에 내가 깊이 존경했던 신학 스승들의 이름이 있었다는 사실에 나는 경악을 금치 못했다. 이 사실이 가리키는 시대적 징표에 절망하면서, 나는 더 이상 옛 스승들을 따를 수 없다는 것을 깨달았다. 나는 그들의 윤리학과 교의학은 물론이고 성서와 역사에 대한 이해도 더 이상 수용할 수 없었다. 최소한 내게 19세기 신학은 더 이상 희망이 없어 보였다. 그렇게 우리를 덮쳤던 시대적 홍수의 물결이 어느 정도 물러났을 때, 19세기 신학은 전부는 아니더라도 많은 사람들에게 더 이상 가치 있는 존재가 아니었다. 모든 것에는 때가 있는 법이다. 어쨌거나 19세기의 참된 영성과 양식을 지닌 개신교 신학은 계속해서 살아남았고, 몇 가지 흔적은 지금까지 남아 있다.[3]

저도 바르트의 이 말에 깊이 공감합니다. 『자유주의 신학이란 무엇인가?』에서 살펴보았던 것처럼 자유주의 신학이 강조하는 것이 윤리와 도덕인데, 만일 자유주의자들이 비윤리적이고 비도덕적 행위를 하는 사람들을 찬성한다면, 이 신학은 무너진 것이나 마찬가지 아니겠습니까?

셋째, 바르트는 19세기 신학은 18세기의 유산과 19세기에 등장한 여러 사

---

3 같은 책, 19.

상들과 싸워야 하는 짐을 지고 출발했다고 말합니다.

바르트는 18세기에는 합리주의가 모든 곳을 지배하여 그리스도교는 다양한 종류의 지하 조직으로 퇴각해야 했던 반면에, 19세기 신학은 자연과학, 역사철학, 현대 기술 등의 모든 영역을 지배하는 승리에 비추어 평가되었다고 말합니다. 또한 베토벤, 바그너, 브람스, 고트프리트 켈러, 테오도르 폰타네, 입센, 주더만 같은 사람들과도 맞서 평가를 받아야 했으며, 괴테, 비스마르크, 프리드리히 니체의 영향력은 말할 것도 없었다고 말합니다. 그는 신학은 이 같은 다양한 관심사에 지속적으로 바쁘게 몰두했던 세기를 향해 무엇을 말해야 할지를 고민하지 않을 수 없었다고 말합니다.[4]

바르트는 "그러나 자기 시대의 부유함에 둘러싸여 영원이란 것은 생각조차 할 수 없었던 대다수 사람들에게 신학은 무엇을 제시해야 했는가?"라고 질문합니다. 그는 19세기의 대다수 사람들은 인기가 떨어진 신학에 약간의 관심을 보이긴 했지만 오직 신학이 어떤 급진적인 목적이나 반동적인 목적에 적합하게 보일 때뿐이었다고 말합니다. 그리고 이 시기의 신학자들은 신학을 무시하는 사람들과 맞서야 했으므로 그들의 전제, 방법론, 결과에 대한 오늘날

---

4 같은 책, 20-21.

의 평가가 어떻든 간에, 그들의 신학은 그와 같은 19세기 현대인과 맞서서도 두려워하지 않았던 신학자들의 지적 행동이었으며, 최종적인 분석에 따르면 영적 강건함이었다고 평가합니다.[5] 하지만 바르트는 이 신학자들의 잘못에 대해서도 지적합니다.

넷째, 바르트는 19세기 신학자들이 교회의 신학자들이 아니라 대학의 교수들처럼 신학을 했다고 지적합니다.[6]

바르트는 그들이 '자기 시대와 대면해야 한다'는 것을 신학의 원칙으로 내세웠지만 이 원칙에 문제가 있었다고 지적합니다. 그는 신학이 교회 안에 머물면서 교회를 위해 작업했다는 것은 인정하지만, 19세기 신학자들의 눈은 세상에 고정되어 있었고, 그 결과 그들의 사고는 필연적으로 세상적인 전망에 의해 통제되었다고 비판합니다. 그러나 19세기 신학자들이 그 시대에 문제가 되는 도전적인 주제들과 씨름했다는 사실은 긍정적으로 평가합니다.[7] 하지만 신학은 '자기 시대와의 만남을 결정적이고 최우선적인 관심사'로 삼는 과정에서 넘어서는 안 될 선을 넘고 말았다며 애석해 합니다.[8]

---

5 같은 책, 21-22.
6 같은 책, 23.
7 같은 책, 25-26.
8 같은 책, 26.

그는 19세기 신학의 세상에 대한 자기개방이 세 가지 의미를 갖는다고 말합니다.

먼저, 바르트는 그렇게 열린 창과 현관문을 통해 너무 많은 자극들이 교회 안으로 쏟아져 들어와 사변과 토론을 일으켰는데, 이것들은 그 집 자체의 내부적인 과제의 실행을 위해서는 아무런 시간도 애정도 가지지 않는 것이었다고 말합니다. 그는 세상에 매료되었던 거대한 에너지에도 불구하고 19세기 신학은 그리스도교 진리의 새롭고 긍정적인 이해라는 관점에서는 정말 놀랍게도 거의 아무것도 성취하지 못했다고 비판합니다.[9]

또한, 바르트는 이렇게 밖을 향하여 온 힘을 집결시킨 나머지, 원래 열려 있어야 했던 적지 않은 내부의 문들은 오히려 굳게 닫혀 있었다고 말합니다. 19세기 신학은 자신의 규범적인 특성과 관련하여 주변 환경에서 사용되는 관념에 의존했으므로, 그 결과 그리스도교를 이해하는 흥분되고 중요한 문제들을 취급할 때 그것을 축소하거나 과도하게 단순하게 해야 한다는 압력 아래 있어서 망각과 부주의에 빠지게 되었다고 비판합니다. 그는 이런 과정은 신학과 교회를 필연적으로 위협했으며, 더 나아가 그 토대를 파헤쳐서 궁핍하고 보잘것없는 것으로 만들었고, 외부의 바

---

[9] 같은 책, 27.

람은 신선한 공기만이 아니라, 악명 높게 오염된 공기도 함께 몰고 왔다고 비판합니다.[10]

마지막으로, 바르트는 이런 사실은 치명적인 오류들이 교회 안으로 들어왔음을 뜻한다고 말합니다. 이런 오류들이 생득권을 주장하고 더 나아가 권리까지 즐기는 정도에 이르렀으며, 신학이 교회 안에서 교회를 위한 신학이 되어야 한다는 마땅하고 긍정적인 과제가 절대적 우선권을 가져야 한다는 사실에 대해 근본적으로 동의해 준 것은 그 어디에도 없었고, 신학이 그 시대의 다양한 철학과 관계해야 한다는 이차적인 과제가 그보다 더 앞섰다고 비판합니다. 바르트는 "19세기 신학을 대표하는 최고의 신학자들은 세상에 대해 스스로를 모범적으로 개방시켰음에도 불구하고, 그 한계를 극복하지 못했다. 이것이 바로 19세기 신학의 핵심이었다"라고 말하면서 19세기 신학의 한계를 명확하게 지적합니다.[11]

바르트는 세상에 대한 개방성이라는 일반적 전제가 필연적으로 신학을 특수한 전제로 이끌었는데, 그것은 신학은 오로지 인간, 우주, 하나님에 대한 총괄적 관점의 구도 안에서만 신학 자체의 고유한 동기를 방어할 수 있다는 전

---

10 같은 책, 27-28.
11 같은 책, 28-29.

제였다고 말합니다.[12] 즉, "세계관의 구도에서만" 신학의 주제들을 이야기했다는 것입니다. 그는 계몽주의 신학과는 대조적으로 19세기 신학자들은 자신들의 관점을 그 시대의 온갖 다양한 세계관들과 관계되는 특별한 한 지점에 두었다고 말합니다. 또한 19세기 신학자들 가운데 자신이 전문적인 철학자가 아니라고 여긴 신학자는 거의 없었다고 말하며 이런 흐름에 대해 비꼽니다. 그는 종교 철학자들은 대부분 당시에 통용되던 세계관 가운데 하나를 다소간에 신뢰하거나 세련되게 옹호했으며, 보편적 인식론, 형이상학적 체계, 그리고 특수한 인간적 능력에 초점을 맞춘 윤리학을 만들어 내느라 분주했다고 지적합니다.[13]

다섯째, 바르트는 19세기 신학자들이 이런 세상과의 접점을 통해 세상에 다가가려는 시도가 과연 성공했는지를 묻습니다.

바르트는 먼저 일반 사람들이 그런 신학자들의 가르침을 받아들일 준비가 되어 있었는지에 대해 묻고는, 결코 아니었다고 결론짓습니다. 그리고 19세기 신학자들이 일반적인 세계관이 타당하다고 전제했을 때, 그리스도교적인 메시지와 믿음이 토론의 진정한 주제가 될 수 있었는지에 대해 묻고는, 그것도 아니었다고 대답합니다. 도리어 특정한

---

12 같은 책, 29.
13 같은 책, 31-32.

세계관을 수용하는 것이 그리스도교에 대한 일반적인 접근을 쉽게 만든다거나 혹은 가능하게 한다는 어떤 증거도 없었다고 말합니다. 그러나 그렇게 하려고 할 경우에, 그리스도교적인 메시지와 신앙을 지배적인 세계관의 해석과 형태에 예속시키지 않고는 불가능하다고 못을 박습니다. 그는 사람들은 19세기 신학의 전형적인 대변인들이 혹시 일차적으로는 철학자들이 아니었는지, 신학자로서 말한 것은 단지 이차적인 것에 지나지 않았는지를 의심하며 당혹스러워한다고 말합니다.[14]

바르트는 계속하여 19세기 신학이 세계와의 관계가 우선적 과제라는 일반적인 가정과 함께 작업했기 때문에 파생된 문제들을 지적합니다. 결과적으로 19세기 신학자들이 교회 안에서 교회를 위해 적합한 과제를 수행하려고 할 때, 그리스도교 메시지보다는 그리스도교 신앙에 더 많은 관심을 갖게 되었다고 말합니다. 그는 19세기 신학자들이 신학적 내용에서 하나님이 인간을 대하시는 문제보다는 인간이 어떻게 하나님과 관계를 맺을 수 있는지의 문제에 더 큰 관심을 가졌다고 지적합니다.[15]

바르트는 19세기 신학자들이 '믿는 인간의 세상과의 관계'에 초점을 맞춰 말하는 데 성공했다 할지라도, '그 인

---

14 같은 책, 33-35.
15 같은 책, 35.

간이 하나님과의 관계'를 맺는 부분에 대해서는 소홀히 했다고 지적합니다. 즉 수평적 관계는 성공했지만 수직적 관계는 실패했다는 것입니다. 그는 신학의 과제가 무엇이 되어야 하는지에 대한 자신의 견해를 이렇게 밝힙니다.

> 신학은 실제로 하나님에 관한 교리만이 아니고, '하나님 그리고 인간'에 관한 교리다. 이 관점에서 해석했더라면 19세기 신학은, 인간이 하나님과 맺는 관계가 하나님이 인간과 맺으시는 관계에 기초해 있고, 이 순서는 역전될 수 없다는 사실을 망각하거나 억압하지 않았을 것이며, 오히려 강조했을 것이다. 아래로부터, 말하자면 그리스도교적인 인간으로부터 출발하면서 19세기 신학은 위로 향한 자신의 길이 꺾이지 않은 채 나아갈 수 있었을 것이며, 그 길은 그리스도교 신앙에 대한 적절하고 진정한 해명에 도달했을 것이다. 그랬더라면 19세기 신학은 하나님의 행동과 말씀으로서의 그리스도교적인 메시지가 신앙의 근거, 대상, 내용이라는 사실을 점점 더 많이 확증할 수 있었을 것이다. 그러나 유감스럽게도 실제로는 그렇게 하지 못했다.[16]

바르트는 19세기 신학은, 인간이 하나님과 맺는 관계가 우선이 아니라 하나님이 인간과 맺으시는 관계가 우선

---

[16] 같은 책, 37-38.

인데, 이 순서를 바꾸었기 때문에 그 목적을 이루지 못했다고 지적합니다. 더 나아가 그는 19세기 신학이 믿음도 잘못 이해했다고 말합니다. 그는 19세기 신학자들이 '믿음'에 대해 말했을 때, 그리스도교적인 믿음을 의도했다고 믿어 주어야 하지만, 바로 그들의 전제가 그들을 몰고 가서 믿음을 인간의 정신적인 삶과 자기 인식을 실현하는 형식 가운데 하나로 이해하도록 만드는 결과를 초래했다고 지적합니다. 그로 인해 그리스도교 복음의 진리는 그리스도인의 내적 경험의 진술, 표현, 술어, 혹은 상징 정도로 이해되고 해석되었다고 비판합니다.[17]

여섯째, 바르트는 이 강연의 마지막 부분에서 19세기 신학자들의 노력으로 신학이 대학에서 살아남게 되었지만, 과연 신학은 대학에서 어떤 위치를 차지하게 되었는지에 대해 문제 제기를 합니다.

바르트는 결과적으로 이 신학자들의 말이 대학의 다른 분과의 교수들이나 학생들에게 큰 영향을 주지 못했다고 비판합니다. 그리고 그리스도교의 복음이 인간적 혹은 종교적 진술로 변했거나 그리스도인의 자기인식의 안내서가 되면서, 주권적으로 인간과 만나시며 인간을 불러 주님이신 그분을 헤아리고 그분과 교제하도록 부르시는 하나님

---

17 같은 책, 39-40.

이 시야에서 상실되었다고 지적합니다. 그는 수직적 방향에서 일어난 상실은 수평적 광경을 바라보는 시야도 흐릿하게 만들었으며, 신학은 최종적인 분석에서는 '인간적인 것', '종교적인 것', '신비하지만 애매모호한 진술들' 외에 더 이상 아무것도 제공할 것이 없었고, 신앙에 충실한 사람들이 외부로부터 가장 강하다고 입증된 어떤 인상들과 영향들에 예속되도록 내버려둘 수밖에 없었다고 지적합니다. 또한 이런 사실들이 개신교회에, 더 나아가 개신교 자체에 치명적이었다고 말합니다.[18]

일곱째, 바르트는 19세기 신학이 기여한 가장 중요한 점은 그리스도교의 역사적 성격을 새롭게 강조하고 인식했다는 점이라고 말합니다.

바르트는 19세기 신학자들이 그리스도교를 역사 안에 들어와 뿌리를 내리고 다른 여러 종교들과 경쟁하며 자라 온 종교로 파악하는 데 성공했다고 말합니다. 그리고 그리스도교가 가진 이 역사적 성격이 아주 중요한데, 이 성격을 19세기 신학이 발견했다고 말합니다. 그는 이 성격이 그리스도교를 다른 종교들로부터 갈라놓으며, 이 점이 19세기 신학의 장점이자 19세기 신학이 성취한 업적이었다고 말합니다. 그는 그리스도교 신앙은 역사와의 관계를 통해 형

---

18 같은 책, 41-42.

성되었고, 역사는 자신의 중심적인 의미를 예수 그리스도의 이름 안에서 찾았으며, 바로 이런 이유에서 성서 주석학, 교회사, 교리사 연구는 다시 한번 긴급하고 독특한 과제가 될 수밖에 없었다고 말합니다.

그는 19세기 신학자들은 그리스도교를 다른 종교들 가운데 하나로—즉 일반 종교사적인 맥락에서 하나의 특수한 종교로—이해했고, 이런 맥락에서 그리스도교의 과거 패턴들과 표현들을 연구했다고 말합니다. 또한 이들은 자기 자신의 중심적인 의미를 예수 그리스도의 이름, 그분의 인격, 그분의 삶 안에서 발견하는 그리스도교의 역사를 연구했으며, 그 결과로 그리스도교의 역사는 믿음의 본래적인 현상이기는 하지만, 결코 역사적인 현상 그 이상은 아니라고 주장했다고 말합니다. 그는 19세기 신학자들은 예수님을 역사적으로 이해해야 했는데, 그것은 종교사적 의미와 그 시대에 지배적인 역사 비평적 방법에 따른 파악을 뜻한다고 말합니다.

그는 물론 19세기 신학자들이 신약성경의 기록에 기초하여 예수님의 인격과 삶에 접근하려고 시도했지만 그분의 고유한 종교를 그분에 대한 증언들과 증인들의 환경으로부터 구별하려 했다고 말합니다.[19] 즉 그는 19세기 신학

---

19 같은 책, 43-44.

이 역사 연구를 통해 역사적 예수의 모습을 이해하려고 접근하다 보니 선지자들과 사도들이 그분에 대해 말했던 증언들과 떼어서 예수님을 이해하려는 잘못을 범했다고 말하는 것입니다. 예를 들어, 역사 비평학적 방법으로 역사적 예수의 출생, 성장, 메시지 등을 분석했다 하더라도, 그분이 메시아시며, 성육신하시고 죽으시고 부활하여 우리 구주가 되어 주셨다는 사도들의 증언을 알아낼 수 없다는 것입니다. 그는 결국 이런 역사적 연구를 통해 예수님을 뛰어난 한 인간 정도로 낮춰 버리는 결과를 가져오게 되었다고 비판합니다. 즉 예수님이 하나님의 아들이시고 우리의 구주라고 믿는 것은 사도들의 증언 때문이지 역사적 연구의 귀결이 아니라고 말하는 것입니다.

여덟째, 바르트는 19세기 신학이 간과했던 점들을 지적합니다.

바르트는 "예수 그리스도는 정말로 그리스도교 신앙의 시원적 현상에 불과했는가? 오히려 그 현상의 근거, 내용, 목적으로 이해되어야 하지 않는가?"라고 질문합니다. 그는 신약성경 본문들의 구조를 살펴본다면, 중립적인 역사학이 사용할 만한 적절한 '자료'가 될 수 없다는 부적합 판정을 내릴 수밖에 없다고 봅니다. 바르트는 그들이 신약성경 본문을 어떤 종교 현상의 문서로 이해하려고 시도하면서 잘못된 방향으로 나아가게 되었고, 신약성경에 나와 있는 내용들은 일반 역사책의 내용들과는 다른 차원이므로, 역사 비평학적 방법만으로는 해석될 수 없는 책이라는 사실을 간과했다고 비판합니다. 그는 19세기 신학의 발견인 역사 비평학의 긍정적 측면도 인정하지만 동시에 부정적 측면도 지적합니다.[20]

'역사 비평적' 신학이 가치 있는 자극, 조명, 지도를 제공해 준 것에 적절한 찬사를 아끼지 말아야 한다. 그러나 그런 찬사를 받는 것은 그것이 '역사 비평' 방법에 그치는 것이 아니라 싫든 좋든 오로지 신학일 때이며, 무엇보다도 그것의 중심 주제가 19세기의 미심쩍은 장애물을 뚫을 만큼 강력해지고, 그래서 스스로 말할 수 있게 되었을 때다. 이런 사실이 실현되지 않았다면, 그래서 그것이 단지 '역사 비평적'인 연구와 이론에 그쳐서 하나님과 성령으로부터 버림받은 상태였다면, 19세기 신학은 의미 있고 역사적으로 중요한 그리스도교 진리를 결코 제공할 수 없었을 것이다. 만약 19세기 신학이 (오로지 신학으로서) 풀코스를 달릴 수 있었다면, 그리스도교 신앙의 역사에, 이른바 예수 그리스도의 이름 안에서 중심적 의미를 찾는 역사에 예속되는 결과는 없었을 것이다. 그와 반대로 오히려 역사가 해석에—신학자들이 그리스도교 신앙과 동일시했던 그리스도교적 종교의 바로 그 특수한 양

---

20 같은 책, 46-47.

식에 의한 해석에—예속되었을 것이다.[21]

그는 이미 1922년에 『로마서』에서 역사 비평학은 입문으로서 필요한 것이며, 신학은 그 입문을 거쳐서 그리스도교의 핵심 신학으로 들어가야 한다고 주장했습니다.

아홉째, 바르트는 19세기 신학은 외부 사람들이 볼 때는 주로 종교사 연구였다고 지적합니다.

바르트는 바로 이 점이 로마 가톨릭 신학자들과 개신교 신학자들을 서로 무관심하게 만든 이유 가운데 하나였다고 말합니다. 하지만 그는 시간이 흐르면서 로마 천주교에서도 이런 경향이 나타나게 되자, 교황 피우스 11세가 재임 기간 동안 토마스주의를 부활시켜 이런 흐름을 막았다고 말합니다. 그는 명백하게도 개신교 신학은 종교사에 속한 한 과목으로 여겨지면서 상대편이 무비판적이고 비역사적인 권위만 내세우는 것이라 해석하고 그런 행위가 중세 암흑시대를 생각나게 한다고 주장하는 수밖에 없었다고 지적합니다. 그는 반대로 로마 가톨릭 신학은 개신교 신학의 그런 수고는 그리스도교 신앙의 역사적 성격에 무책임하게 굴복하는 것이고, 그것을 세속화시키는 것이라며 저주

---

21 같은 책, 47-48.

했다고 말합니다.[22]

열째, 바르트는 그럼에도 불구하고 20세기 신학은 19세기 신학과 연속성이 분명히 있다고 말합니다.[23]

바르트는 19세기 신학자들이 무엇에 종사했고, 그들의 시도가 얼마나 성공했으며, 그들의 장점과 단점이 무엇인지를 이 강연에서 잘 정리하고 있습니다. 그는 19세기 신학의 성경 연구 방법론은 역사 비평학이었고, 그들은 기독교를 여러 종교 가운데 하나로 보면서 성경을 종교사적으로 연구했으며, 그들의 주된 관심은 세계에 대한 기독교의 역할이므로 세계관을 강조했다고 말합니다. 그리고 이 신학자들이 이렇게 방향을 수평적으로 잡다 보니 하나님과 인간의 수직적 관계를 등한시하게 되어 교회 본연의 과제에—하나님 말씀의 선포를 통해 죄인과 하나님의 관계 회복에—힘쓰지 않게 되었고, 그 결과로 인간이 어떻게 하나님을 만나 구원을 받을 수 있는지의 문제를 소홀히 하게 되었다고 비판합니다.

19세기 신학에 대한 바르트의 이런 평가를 염두에 두고 지금부터 『로마서』를 살펴보겠습니다.

---

22 같은 책, 48-49.
23 같은 책, 50.

3.
로마서

『로마서』 서문에 나타난 바르트 신학의 근본 사상

바르트의 『로마서』를 이해하려면 제2판의 서문을 읽어야 합니다. 이 책의 특징과 이 책에서 그가 말하고자 하는 주장이 함축적으로 나와 있기 때문입니다. 서문을 토대로 본문을 살펴보면, 그의 주장과 주요 사상을 더 잘 파악할 수 있습니다.

바르트는 1919년에 발행했던 『로마서』 제1판과 연결시키면서 자유주의자들이 선호했던 역사 비평학과 종교개혁자들이 공리로서 주장했던 영감론을 둘 다 수용한다는 입장을 견지합니다. 하지만 누군가가 "이 둘 중 어느 것이 더 중요한가?"라고 묻는다면, 그는 종교개혁자들의 영감론을 더 우위에 두고 역사 비평학은 성경의 내용을 이해하기 위한 하나의 준비 단계 정도로만 받아들이겠다고 말합니다. 하지만 그는 이 둘 중에서 어느 하나를 선택하지 않게 된 것을 행복하게 여기며, 자신의 모든 관심은 역사를 통해 영원한 영(Geist, 정신)이신 성서의 영 안을 들여다보는 것에 있다고 말합니다.[1] 그는 역사적 비판의 역사의식과 정통주의의 영감설을 적극적으로 종합하는 "역사 비판적 영감설"을 제시하지만, 자유주의와 정통주의 양 진영으로부터 비판을 받게 됩니다.[2]

이어서 바르트는 『로마서』 제2판에 영향을 준 사람들에 대해 소개합니다. 그는 제2판은 제1판의 돌 위에 돌 하나도 얹지 않았을 정도로 완전히 다른 얼굴을 제공하고 있다고 장담합니다. 또한 성경과 바울에 더욱 주목하여 제1판과는 다르게 썼으며, 제1판은 장단점을 가지고 전시장에서 사라질 수 있다고 말합니다. 하지만 제2판도 단지 '예비 작업'(Vorarbeit)으로서 제시한다고 말합니다. 모든 인간의 작품은 예비 작업일 뿐이며, 신학책은 다른 책들보다 더 그렇다고 주장합니다.

첫째, 그는 바울과 종교개혁자들을 이전보다 더 열심히 연구했다(Erstens und vor allem: die fortgesetzte Beschäftigung mit

---

[1] *Der Römerbrief*, XI.
[2] 김영한, 『바르트에서 몰트만까지』, 대한기독교서회, 1982, 23.

Paulus)고 말합니다.[3] 그의 『로마서』에는 루터와 칼뱅의 인용이 곳곳에 나옵니다. 특히 그는 이들의 신 인식론과 신앙론에서 큰 영향을 받았습니다. 루터의 '숨어 계신 하나님과 계시된 하나님' 개념, 신앙의 역설적 성격이 이 책의 형성에 가장 큰 영향을 끼쳤다고 볼 수 있습니다. 반면에, 그는 자유주의자들이 강조한 그리스도인의 소명으로서 윤리 부분은 거의 다루지 않습니다.

둘째, 그는 오버베크의 도움을 받았다고 말합니다. 오버베크는 역사를 일반 역사(Historie)와 원 역사(Urgeschichte)로 구분했는데, 이 점에서 그의 영향을 받았다는 뜻입니다. 일반 역사는 세상의 역사를 말하고, 원 역사는 구원의 역사를 말합니다. 독일어로 연대기적 역사를 히스토리(Historie), 의미로서의 역사를 게쉬히테(Geschichte)라고 부르며, 이 두 가지를 구분하여 표현합니다.

바르트가 이 구분을 받아들였다는 것은 성경을 일반 역사책으로 보려고 했던 자유주의자들의 역사 비평학을 비판한다는 뜻입니다. 또한 성경책은 일반 역사와 다른 구원의 역사를 말하고 있기에 다른 방법으로 해석해야 한다는 뜻입니다. 그는 오버베크를 통해 니체에 대해서도 배우게 되었는데, 오버베크로 말미암아 부정을 통해 긍정에 도달

---

[3] *Der Römerbrief*, XIII.

하는 변증법적 방법을 배우게 되었다고 말합니다.

셋째, 그는 칸트와 플라톤과 키르케고르와 도스토예프스키를 통해 배웠다고 말합니다. 그는 동생 하인리히 바르트의 도움으로 칸트에 대해 배우게 되었습니다. 칸트를 통해 이편(현상계)과 저편(정신계)을 나누는 법과, 인간은 이성과 경험을 통해서는 저편의 세계를 알 수 없다는 것을 배웠습니다. 그래서 역사를 일반 역사인 '히스토리'와 의미로서의 역사인 '게쉬히테'로 나누고는 오직 저편의 역사, 즉 구원의 역사인 '우어게쉬히테'(Urgeschichte)는 계시를 통해 나타났고 오직 믿음으로만 알 수 있다고 여기게 되었습니다.[4] 그가 키르케고르와 도스토예프스키를 통해 배웠다는 것은, 그들을 통해 인간 실존의 죄악성과 모순성을 좀 더 깊이 이해하게 되었다는 뜻입니다.

넷째, 그는 제1판에서 발견했던 진리를 계속 추적하겠다고 말하면서 비판가들의 비난에 대답합니다. 그는 자신이 신학자로서 이 주석서를 쓰고 있으며, 합리적으로 진술하는 것이 이 시대의 유행이지만 자신은 이런 유행을 따라가는 신학자들을 비판한다고 말합니다. 그리고 '어떻게 쓰느냐'가 아니라 '무엇에 대한 질문이냐'(die Frage nach dem Was)가 중요하며, 자신은 평신도도 읽을 수 있도록 평

---

[4] 같은 책, XIV.

이하게 썼다고 주장합니다. 하지만 그의 글을 읽어 본 사람이라면 이 말에 동의하지 않을 것입니다. 그는 글을 정말 어렵게 쓰기 때문입니다. 그는 자신의 글이 너무 어렵다는 비판에 대해서도 대답합니다. 종교사회주의 운동의 태두 라가츠(Ragaz)는 "간단한 것이 신적인 것의 특징이다"(Einfachheit ist das Kennzeichen des Göttlichen)고 한 아버지 블룸하르트의 말을 인용하며 바르트의 문장이 너무 어렵다고 비판했습니다. 그러자 바르트는 "지난 30년 동안 사람들은 간단한 것에 대해 이야기했는데 이제는 진리에 대해 이야기하자"고 말하며 이런 비판으로부터 자신을 방어합니다. 그는 바울의 로마서는 물론이고 오늘날 신학의 상황이 간단하지 않으므로 간단하게만 쓸 수 없다고 말합니다.[5]

다섯째, 그는 역사 비평의 공공의 적이라고 그를 비난하는 사람들에게, 자신은 역사 비평학 자체를 비난하지 않으며 단지 거기에만 머물러 있으려고 하는 사람들을 비판한다고 주장합니다. 또한 성경 말씀의 진리를 파악하려면 역사 연구나 언어 연구와 같은 예비 단계에만 머물러 있으면 안 된다는 점도 덧붙입니다.[6] 그는 종교개혁자들도 기본적으로 역사 비평적 작업을 했다고 말하며 칼뱅의 경우를

---

5 같은 책, XV.
6 같은 책, XVI-XVII.

예로 듭니다.[7]

여섯째, 그는 하나의 정해진 시스템을 가지고 성경을 해석한다는 비판에 대해서도 반박합니다. 자신은 어떤 시스템을 만들려는 사람은 아니지만, 만일 한 가지 시스템을 가지고 있다면, 키르케고르가 말한 "시간과 영원의 변증법"이라는 시스템을 가지고 있으며, "하나님과 인간의 이러한 관계가 자신에게는 성경의 주제이고 철학의 요약"이라고 말합니다.[8]

일곱째, 그는 자신의 해석학의 전제는 바울이 선포한 핵심적인 내용에 담겨 있다고 말합니다. 그는 바울이 예수 그리스도에 대해, 시간과 영원의 항존적 위기에 대해(die permanente Krisis von Zeit und Ewigkeit), 하나님의 하나님 되심(Gott ist Gott)에 대해 선포했다고 말하면서 다음과 같이 말합니다. "바울이 이것을 안다는 사실, 이것이 바로 나의 시스템이다. 나의 '교의적 전제'이고 나의 '알렉산드리아주의'다."[9]

마지막으로, 그는 사람들이 자신을 성경주의자라고 비난하는데 자신은 그렇게 불리고 싶다고 말합니다. 자신이 성경은 좋은 책이라는 선입견을 가지고 있어서인지 그런

---

7 같은 책, XVII.
8 같은 책, XX.
9 같은 책, XXI.

말을 듣게 된다고 말합니다.[10]

이제 본격적으로 『로마서』의 핵심 사상을 살펴보겠습니다.

인간은 어떻게 하나님을 알 수 있는가?

바르트의 신 인식론은 매우 중요한 주제입니다. 바르트의 초기 신학에 대해 논쟁할 때는, 대부분 신 인식론으로 논쟁을 펼칩니다. 바르트는 서론(Eingang) 부분의 해석에서, 즉 로마서 1장 1-7절 해석에서 신 인식론을 잘 설명하고 있습니다. 그는 하나님을 우리 인간과 다른 '전적 타자'라고 칭하는데, 라틴어로는 '토탈리터 알리터'(totaliter aliter), 독일어로는 '데어 간즈 안더러'(der ganz andere)입니다. 이 용어는 사람들이 바르트의 신 인식론에 대해 말할 때 가장 자주 인용하기 때문에 모르는 사람이 없을 정도입니다.

바르트는 하나님이 우리와 전적으로 다른 분이시므로 우리는 슐라이어마허가 주장하는 내재적 종교 경험을 통해서가 아니라 오직 초월적 계시를 통해서만 그분을 알 수 있다고 말합니다. 그는 자신의 사상을 다음과 같이 요약합니다.

---

10 같은 책, XXII.

바울은 '하나님의 복음'(Heilsbotschaft Gottes)을 전달해야 한다. 완전히 새로우며, 전혀 들어 본 적이 없는 기쁘고 좋은 하나님의 진리를 인간의 손에 들려 주어야 한다. 하지만 바로 하나님의 진리를! 하나님의 진리는 결코 종교적 진리가 아니며, 인간의 신성이나 신격화에 대한 어떤 종교적인 소식들이나 지침들이 아니다. 그것은 인간으로서는 결코 알 수도 없고 가질 수도 없는 것이므로 인간에게 구원을 가져다주는 전적 타자이신 하나님에 대한 소식이다.…그러므로 복음은 어떤 체험이나 경험이나 느낌—그런 것들의 가장 높은 수준이라 하더라도—이 아니라, 그 누구도 보지 못하고 듣지 못하던 것의 간단한 객관적인 인식이다. 그것은 하나의 통지(通知)인데, 단지 메모만 하는 것이 아니라 참여해야 하는 통지이며, 오성뿐만 아니라 이성에 의존해야 하는 통지이며, 함께 느낌(Mitgefühl) 뿐만 아니라 함께 움직여야 하는 통지다. 또한 하나님에 대한 신앙만을 전제하는 통지인데, 그 통지가 바로 하나님을 창조한다.[11]

바르트는 여기서 하나님의 복음은 전적으로 하나님의 복음이어야 함을 강조합니다. 이 복음은 어떤 종교가 전해주는 소식과는 다릅니다. 그는 하나님은 인간이 생득적으로 알 수 있는 하나님과는 전적으로 다른 분이시고, 우리는

---

[11] 같은 책, 4.

하나님을 결코 알 수도 없고 소유할 수도 없기 때문에 하나님은 우리를 구원하실 수 있는 분이라고 말합니다. 또한 하나님은 우리에게 항상 새롭게 말씀하시는 분이며, 하나님이 인간에게 전달하는 복음은 인간의 체험이나 경험이나 느낌이 아니라, 단순하고 객관적인 인식의 성격을 가진다고 말합니다.

우리는 여기서 바르트가 하나님은 인간과 다르다는 사실을 강조하면서, 인간의 종교적 체험에 근거한 슐라이어마허의 주관적 신학을 비판하고, 계시에 근거한 객관적인 신학을 세우고자 하는 의도를 보게 됩니다. 이와 동시에 그가 정통 교리를 손에 들고 하나님에 대한 정답을 이미 가지고 있다고 말하며, 자신의 판단에 따르면 하나님의 진리를 화석으로 만드는 정통주의자들에 대한 비판도 암시되어 있음도 볼 수 있습니다.

그는 하나님은 우리에게 계속 새롭게 말씀하시는 분이므로 우리는 늘 하나님의 말씀을 새롭게 들음으로써 그분을 새롭게 알아 가야 한다고 말합니다. 우리가 어제 알았던 하나님을 오늘 또다시 알아야 하며, 그분과 끊임없이 대화하면서 배워 가야 한다고 말합니다. 이처럼 하나님과 인간의 지속적인 대화를 강조하기 때문에 우리는 그의 신학을 변증법적 신학이라고 부릅니다.

예수 그리스도는 누구신가?

바르트의 신학을 '기독론 일변도의 신학'이라고 규정할 정도로 그에게는 예수 그리스도에 대한 내용이 중요합니다. 그는 나중에 『교회 교의학』에서 선택론과 화해론의 핵심으로 예수 그리스도를 세웁니다. 하지만 이미 『로마서』에서도 예수 그리스도를 강조합니다. 바르트는 예수 그리스도를 어떻게 이해하고 있을까요? 그는 로마서 1장 4절의 "우리 주 예수 그리스도"에 대한 해석을 통해 예수 그리스도가 누구신지 분명하게 알려 줍니다.

바르트는 예수 그리스도는 구원의 소식인 동시에 역사의 의미라고 말합니다. 그는 예수라는 이름 안에서 두 세계가 만나고 갈라지며, 두 평면이―즉 알려진 세계와 알려지지 않은 세계의 평면이―절단된다고 봅니다. 알려진 세계는 하나님이 창조하셨지만 하나님과의 근원적 통일에서 떨어져 있기 때문에 구속이 필요한 육체의 세계, 인간의 세계, 시간과 사물의 세계, 우리의 세계라고 말합니다. 그리고 이 알려진 평면은, 알려지지 않은 다른 평면인 아버지의 세계, 즉 근원적 창조와 마지막 구속의 세계로부터 단절되어 있다(geschnitten)고 말합니다. 그런데 우리와 하나님 사이, 그리고 이 세계와 하나님의 세계의 관계는 알려지고자 하지만, 이 둘 사이의 절단선(Schnittlinie)을 보는 것이 자명하지 않다고 말합니다.

바르트는 이 절단선이 보일 수 있으며 또한 보이는 점이 예수, 즉 나사렛 예수, 육체에 의하면 다윗의 후손으로 태어나신 "역사적" 예수라고 분명히 말합니다. 그는 역사적으로 규정된 예수야말로 우리에게 알려진 세계와 알려지지 않은 세계 사이의 단면(Bruchstelle)을 의미하므로, 이 예수를 통하지 않고는 우리에게 알려진 세계의 자리에서 다른 세계로 올라가지 못한다는 점도 분명하게 말합니다. 그는 이 세계가 다른 세계로 올라갈 수 있는 유일한 시간은 서기 1-30년이라고 말하면서 이 시간만이 "계시의 시간이요 발견의 시간"이라고 주장합니다.[12]

바르트는 하나님의 세계와 인간의 세계, 하나님과 인간은 철저하게 단절되어 있는데, 이 단절을 이어 줄 수 있는 분은 오직 예수님밖에 없다고 주장합니다. 그는 하나님이 자신의 모습을 인간에게 계시하신 시간은 서기 1-30년에 역사적 예수를 통해서였으며, 이 시간에 역사 안에 나타나셨던 예수님이 두 세계가 접촉할 수 있는 길을 여셨고, 특히 예수 그리스도의 부활로 말미암아 새 세계를 옛 세계에 터치해 주셨다고 말합니다.

---

12 같은 책, 5.

죽은 자의 부활에서 전환(Wende)이 일어난다. 위로부터 그 점의 착수이고(Einsetzen), 아래로부터 상응하는 통찰(Einsicht)이다. 부활은 예수가 그리스도이심을 발견하게 하고, 하나님이 예수 안에서 나타나시고 예수 안에 계신다는 사실을 알려 주는 계시(Offenbarung)로서, 이를 통하여 우리가 하나님께 영광을 돌리고, 예수 안에 우리가 알지도 못하고 볼 수도 없는 무언가가 있음을 예감하게 하며, 예수를 시간의 종말, 역설, 원 역사 그리고 승리자로 인정해야 할 필요를 가지게 한다. 부활 안에서 성령의 새 세계는 육체의 옛 세계를 터치한다. 그러나 새 세계는 옛 세계를 탄젠트(Tangente)가 원을 터치하듯, 그것을 터치하지 않으면서 터치한다. 새 세계가 옛 세계를 터치하지 않으면서, 오직 그 방식으로만 옛 세계의 경계를 이루면서 새 세계로서 터치한다.[13]

바르트는 예수의 부활로 알려진 새 세계는 인간에게 항존적으로 알려지는 것이 아니라 순간적으로 알려진다고 말합니다. 그에 따르면, 인간 편에서 새 세계를 알았다고 말하자마자 새 세계는 곧바로 숨겨집니다. 우리가 겸손히 예수 그리스도의 부활을 바라볼 때 새 세계는 우리에게 나타나 잠시 동안 보여 주고 즉시 사라집니다. 그는 우리가 새 세계를 정적으로가 아니라 동적으로, 영원적으로가 아

---

13 같은 책, 6.

니라 일시적으로 경험하게 된다고 말합니다.

즉 예수 그리스도는 자신이 나타나신 곳에서 움직이지 않고 그대로 계시거나 혹은 역사의 어느 특정한 장소에 제약되어 있어서 우리가 원할 때 언제든지 찾을 수 있는 분이 아니라는 것입니다. 우리가 그분을 찾기 위해 서기 1-30년의 기록을 참고하지만, 그 역사적 기록이 곧 그분을 만나는 것으로 연결되지는 않는다는 것입니다. 예수의 십자가와 부활은 오늘날 여러 장소에서 각 사람에게 각각 다른 방법으로 계시된다는 것입니다. 정통주의 신학자들이나 자유주의 신학자들은 바로 이 부분으로 인해 바르트의 신학을 매우 생소하게 느끼는 것입니다.

신앙이란 무엇인가?

그러면 바르트는 신앙을 어떻게 이해할까요?

첫째, 그는 신앙은 전복(Umstürzung, 顚覆)이라고 말합니다. 그는 "신앙은 벌거벗은 채로 하나님 앞에 서는 사람, 값진 진주를 얻기 위해 가난해진 사람, 예수를 위해 자기 영혼을 잃는 사람의 급진적인 새로운 방향 설정이다"라고 말합니다. 그의 신앙 이해에서 주목해야 할 점은, 그가 신앙을 우리 안에 있는 것에 대한 방향 설정이 아니라, 우리 밖에 있는 것에 대한 방향 설정으로 본다는 것입니다.

둘째, 그는 신앙은 하나님의 신실하심 자체라고 말합니다. "신앙은 인간 편에서 하나님에 대해 갖는 신실함이 아니라 하나님에 대한 모든 인간적인 긍정들과 생각들과 투쟁들 뒤에, 그 위에 항상 그리고 계속하여 숨겨지는 하나님의 신실하심 자체다."

셋째, 그는 신앙은 인간이 소유할 수 있는 것이 아니라고 말합니다. "그러므로 신앙은 결코 끝나지 않으며, 결코 주어지지 않으며, 결코 안전하게 되지 않는다. 심리학의 관점에서 본다면, 신앙은 거듭거듭 새로운 불확실 속으로, 어두움 속으로, 텅 빈 공중으로 도약하는 것이다. 혈육은 우리에게 그것을 알려 주지 못한다(마 16:17). 어떤 사람도 그것을 다른 사람에게 말해 줄 수 없으며, 어떤 사람도 그것을 자신에게 말해 줄 수 없다. 내가 어제 들었던 것을 오늘 새롭게 들어야 하며, 모레에도 거듭 새롭게 들어야 한다."[14]

넷째, 그는 신앙을 계시하시는 분은 항상 하늘에 계신 예수의 아버지시고, 오직 그분만이 신앙의 계시자라고 말합니다.

다섯째, 그는 신앙은 역설적 성격을 가진다고 말합니다. "예수에 대한 신앙은 급진적인 '그럼에도 불구하고'(Trotzdem)이다.… 예수에 대한 신앙은 들어 보지 않은

---

14 같은 책, 79-81.

것이고, 완전히 '사랑 없는' 하나님의 사랑을 느끼고 이해하는 것이며, 항상 부딪치고 화나게 만드는 하나님의 뜻을 행하는 것이고, 하나님을 완전히 볼 수 없음과 숨겨짐 속에서도 그분을 하나님이라 부르는 것이다. 신앙은 모두에게 똑같이 쉽고 똑같이 어렵다. 신앙은 항상 똑같이 '그럼에도 불구하고'이며, 똑같이 들어 보지 못한 것이고, 똑같이 전조(前兆)다. 신앙은 모두에게 똑같이 당혹스러우며, 똑같이 약속이다. 신앙은 모두에게 똑같이 텅 빈 곳으로 도약하는 것이다. 신앙은 모두에게 가능한데, 이는 신앙은 모두에게 똑같이 불가능하기 때문이다."[15]

바르트가 말하는 신앙은 정적인 신앙이 아니라 끊임없이 움직이는 역동적 신앙입니다. 또한 숨어 계신 하나님에 대한 신앙입니다. 역설적인 상황, 즉 불확실의 안개 속에서도 하나님을 신뢰하는 신앙입니다. 그의 이런 신앙관은 루터의 신앙관과 비슷해 보입니다. 하지만 바르트의 신앙관은 루터나 다른 종교개혁자들의 신앙관과는 다릅니다.

종교개혁자들에게 신앙은 하나님의 말씀에 대한 신앙입니다. 하나님의 계시는 이미 말씀을 통해 드러나 있습니다. 이 말씀을 믿는 것이 신앙입니다. 이 말씀은 한 번의 깨달음으로 끝나는 것이 아니라 계속하여 새롭게 묵상하고

---

[15] 같은 책, 79-81.

새롭게 깨달아 가야 하는 것입니다.

바르트는 정통주의나 경건주의가 소홀히 여긴 부분을 예리하게 드러냅니다. 하지만 여전히 자유주의 신앙관에서 벗어나지 못합니다. 신앙이 붙잡는 계시자는 오직 계시하시는 하나님 아버지라고 그가 말하기 때문입니다. 즉 우리가 믿어야 할 신앙의 대상은 아들이 아니라 계시자이신 아버지라는 것입니다. 그는 하나님은 매일 새롭게 자신을 계시하시는 분이라고 말합니다. 하지만 이런 신앙관은 우리의 신앙이 예수 그리스도에 대한 신앙이라는 핵심을 놓칠 위험이 있습니다. 바르트는 이후 『교회 교의학』에서 신앙의 중심축을 예수 그리스도에 대한 신앙으로 옮깁니다.

역사란 무엇인가?

바르트는 역사 실증주의자들과 자유주의 신학자들이 즐겨 사용하는 역사적 탐구로는 하나님을 절대로 알 수 없다고 말합니다. 왜냐하면 우리가 아는 역사 외에 원 역사(구원의 역사)가 있으며, 성경은 원 역사를 기록한 책이라고 보기 때문입니다. 이 내용은 역사(Historie)의 유익에 대한 부분에 잘 정리되어 있습니다.[16]

---

16 같은 책, 4, 17b-25: 126-135.

바르트는 우리가 아브라함을 역사적 인물로 보아서는 안 되고, 역사에 속하지 않은 위의 빛(das un-gesichichtliche Oberlicht)이며, 역사에 속하지 않은(das un-historische) 초역사적(über-historische)이고 원시 역사적(ur-geschichtlich)인 인물로 보아야 한다고 말합니다. 우리는 그가 이렇게 말하는 이유에 대해 알아야 합니다. 바르트는 아브라함이 역사적 인물이라는 사실을 부정하는 것이 아니라, 그를 역사적 인물로만 보려는 당시의 역사 비평적 성경 해석가들의 입장을 반박하려는 것입니다. 바르트는 "아브라함은 그가 믿었던 하나님 앞에서 우리 모두의 아버지시며, 그가 믿었던 하나님이라는 이 상위의 빛 없이는 역사도 인간의 역사적 인격도 결코 없다"고 말하면서 아브라함을 신앙의 역사와 관계시키지 않고 단지 역사적 인물로만 보려는 사람들을 비판합니다.[17]

또한 바르트는 "신앙은 아브라함이라는 인물의 인식 원리이고 생산력이며, 역사의 인식 원리이고 생산력이다"라고 말합니다.[18] 즉, 그는 신앙의 빛으로 볼 때만 아브라함의 본래 모습과 아브라함이 우리에게 가져다주는 유익을 알 수 있다고 말합니다. 그는 아브라함이 믿었던 하나님은 이편의 저편이고, 부정의 부정이며, 우리 죽음의 죽음이고,

---

17 같은 책, 126.
18 같은 책, 127.

우리 비존재의 비존재라고 말하면서 우리가 일반적으로 생각하는 하나님과 아브라함이 믿었던 하나님은 전적으로 다른 존재임을 알리고자 합니다.[19] 그는 이런 신앙에 대해 루터와 칼뱅의 글을 인용하면서 자신이 종교개혁자들의 신앙 노선을 걷고 있다는 것을 강조합니다.[20]

바르트는 아브라함의 신앙이 하나님 앞에서 의로 여겨진 이유를 4장 22절 주석에서 이렇게 설명합니다.

> "그러므로 그것이 그에게 의로 여겨졌느니라." 아브라함의 신앙이 '하나님 앞에서의 신앙'이기 때문에, 그가 자기 신앙의 태도의 한 부분으로서가 아니라 절대적으로 한계를 짓고 규정하며 지양하는 태도를 가진 신앙으로서 절대적인 기적이고 순전한 시작이며 구원의 창조이기 때문에, 그의 신앙이 역사적 사건 속에서 소진되지 않고 도리어 모든 역사적 사건과 비역사적 사건의 순전한 부정이기 때문에, 그러므로 그는 하나님 앞에서 의롭다는 자격을 얻게 되고 그로 인해 오직 믿음을 통해서만 하나님 안에서 부정의 부정에 참여하고, 죽음의 죽음에 참여한다. 그러므로 아브라함의 신앙은 역사적으로 그에게 일어난 것을 통하여 창조되지 않은 빛들의 빛으로서 비추는 것을 방해받지 않는다.[21]

---

19 같은 책, 128.
20 같은 책, 130-131.
21 같은 책, 131-132.

여기서 아브라함은 역사적 사건을 부정함으로써 의의 자격을 획득한 것처럼 보입니다. 그러나 아브라함은 부정을 통해서라기보다는 하나님의 약속에 대한 신앙 때문에 의롭다고 여김을 받은 것입니다.

그렇다면 역사(Historie)는 우리에게 어떤 유익을 줄 수 있는가에 대한 의문이 생길 것입니다. 바르트는 역사는 동시적인 것을 말해 줌으로써 우리에게 유익을 줄 수 있으며, 인간은 과거의 어리석음을 통해 현재의 귀먹음을 치료할 수 있다고 봅니다. 그는 아브라함이 이런 비역사적인 것과의 관계에서 우리와 관계한다고 말합니다. 그리고 위로부터 비쳐 오는 비역사적인 빛이 없다면 아브라함은 우리에게 아무런 의미도 없을 것이며, 그는 우리에게 아무것도 말하지 않고 우리는 그의 말을 듣지 않게 될 것이라고 말합니다. 즉 바르트는 의미 없는 단순한 역사는 전적으로 무의미하다고 말하는 것입니다.[22]

종교란 무엇인가?

바르트는 로마서 7장 주석에서, 자유주의자들의 또 다른 강조점들 가운데 하나인 종교의 문제를 다룹니다. '자

---

[22] 같은 책, 132.

유'(Freiheit)라는 제목으로 시작하는 그의 주장을 요약하면 다음과 같습니다.

첫째, 종교의 한계는 죽음이다.

바르트는 종교 안에 구원의 가능성이 있는 것처럼 말하는 신학자들에게 단호하게 "아니요"(Nein)를 선언합니다. 그는 자유주의 신학자들이나 종교사학파(Religionsgeschichtliche Schule) 학자들이 마치 종교가 하나님과 연락되는 어떤 접점을 가진 것처럼 주장하는 것에 대해, 종교가 가진 한계를 드러내면서 자신이 왜 "아니요"라고 말하는지를 설명합니다.

바르트는 골고다가 율법의 끝이고 종교의 한계이며, 그리스도는 율법의 마침이고 종교의 한계(Christus ist des Gesetzes Ende, die Grenze der Religion)라고 말합니다.[23] 종교의 한계는 인간에게 가능한 것과 하나님께 가능한 것을 가르고, 육체와 영을 가르며, 시간과 영원을 나누는 사선(Todeslinie, 死線)이라고 말합니다.[24] 계속하여 그는 종교의 의미는 죽음이며, 종교는 나 자신과, 더군다나 궁극적인 것과 조화되는 것과는 전혀 관계없는 것이라고 말합니다. 또한 종교 안에는 고상한 감정이나 품격 있는 인간성을 위한

---

23 같은 책, 235.
24 같은 책, 240.

어떤 공간도 없다고 단호하게 말합니다.[25]

바르트는 종교의 긍정적인 역할에 대해서도 말합니다. 종교는 모든 인간적인 가능성이 신적인 가능성의 빛으로 들어서는 지점을 표시하고, 신적인 것을 대변하며, 신적인 것의 파견위원 역할을 한다고 말합니다. 또한 종교는 신적인 것의 모사이고, 신적인 것 밖에 있는 부정이며, 인간성의 내부에서 의심 없이 인간으로부터 떼어 내어 하나님을 가리키는 거룩한 것이라고 말합니다. 하지만 종교가 더 많아지고 더 철저해질수록, 인간 위에 드리워진 죽음의 그늘은 더 깊어진다고 말하면서 종교에 대한 부정적인 평가에 머무릅니다.[26]

바르트는 종교는 우리 인간이 죽음 아래 있음을 알려 주고, 우리로 하여금 이 최종적인 문제와 직면하게 한다는 점에서 순기능을 한다고 말합니다. 하지만 우리로 하여금 죽음을 극복하게 할 수 없는 한계를 가지고 있다고 말합니다.

둘째, 인간은 종교를 통해 은혜에 도달할 수 없다.

바르트는 이런 죽음의 한계를 뛰어넘는 발걸음은 점진적으로 넘어가는 것도, 단계적으로 올라가는 것도, 어떤 발전도 아니라고 말합니다. 그것은 이편에서는 하나의 갑작스

---

25 같은 책, 256.
26 같은 책, 258.

러운 중단이며, 저편에서는 완전히 다른 것의 중재되지 않은 시작이라고 말합니다. 기껏해야 다른 종교적 체험들의 부단한 발전 속에서 만들어질 수 있는 은혜의 체험이라는 것도 그 자체로는 아직 이편에 있는 것이기 때문이라고 말합니다. 그러나 은혜 자체는 이편의 맞은편에 서 있는 것이며, 이편을 넘어서 저편의 은혜로 이끌 수 있는 다리는 없다고 말합니다.[27] 또한 선한 나무인 은혜도 하나의 가능성이 아니라, 모든 인간적인 가능성의 저편에 서 있는 인간의 신적인 가능성이라고 말합니다.[28]

바르트는 이편에서 인간이 가진 어떤 것이라도 저편의 은혜로 가는 다리를 놓을 수 없다고 선언합니다. 은혜 자체는 이런 인간적인 것의 맞은편에 서 있기 때문입니다. 슐라이어마허를 비롯하여 자유주의자들은 우리의 종교적 노력이 하나님의 은혜에 이르는 다리가 될 수 있다고 주장하는데, 바르트는 이런 주장을 비판합니다.

셋째, 종교는 인간을 위기로 몰아간다.

본래 종교는 인간을 위기(Krise)에서 구하기 위해 생겨난 것입니다. 하지만 바르트는 종교가 도리어 인간을 위기로 몰아간다고 말하며, 인간에게 닥친 위기의 의미를 설명합

---

27 같은 책, 242.
28 같은 책, 244.

니다. 그는 하나님에 대한 인간의 노예적인 봉기는 바로 종교의 과정 속에서 눈으로 볼 수 있게 표현되며, 인간은 이 종교 안에서 진리를 불순종하는 것에 사로잡혔고 자기 자신도 상실했다고 말합니다.

"너희는 하나님과 같이 될 것이다"라는 말을 들은 인간은 계속 그런 말을 듣고 싶어 했습니다. 하지만 바르트는 하나님은 인간에게 자기 자신이 되라고 하신다고 말합니다. 그는 인간이 시간과 영원을 혼동하고 있다고 지적합니다. 인간은 감히 자신이 해서는 안 되는 행동을 하고, 자신에게 정해진 사선을 넘어 알려지지 않은 불멸의 하나님까지 공격하여 그분의 것을 빼앗습니다. 결국 자신을 하나님 곁으로 밀어 놓고 하나님을 자신에게 가까운 곳으로 당겨 오는 오만을 행하고 있다고 바르트는 지적합니다.

바르트는 인간이 엄청난 오인 속에서 자신과 관계될 수 없는 분―하나님은 하나님이시기 때문에―과 자신을 관계시킨다고 말합니다. 그는 인간이 그런 식으로 관계를 맺을 수 있는 하나님이라면 더 이상 하나님이 아닐 것이라고 말합니다. 또한 인간이 그런 식으로 하나님을 자기 세계 안에 있는 사물들 가운데 하나의 사물로 만들고 있다고 개탄합니다.[29]

---

29 같은 책, 246.

바르트는 인간이 하나님과 자신을 혼동하고, 시간과 영원을 혼동할 때, 결국 하나님의 은혜도 잃고 자신의 존재도 잃게 된다고 주장합니다.

넷째, 종교를 통해 죄가 드러난다.

바르트는 종교 안에서 죄가 우리 실존의 볼 수 있는 사실로 된다는 사실, 그리고 종교 안에서 하나님에 대한 인간의 노예적인 봉기가 볼 수 있게 발발된다는 사실을 지적합니다.[30] 여기서 바르트는 죄에 대해 매우 위험한 말을 합니다. 로마서 7장 8-11절 주석에서 이렇게 말합니다.

> 죄는 그 근원을 보건대, 하나님의 비밀(이것은 결코 그것의 원인이 아니다. 아마도 그것의 최종적 진리일 것이다) 자체 속에 있다. 죄는 인간의 하나님과의 통일이 갈라질 가능성이요, 그의 축복과 저주로의 예정의 가능성이다. 인간은 하나님 안에서 반역의 노예가 될 수 있는 기회를 가지고 있다. 즉 그는 자신을 영원과 갈라놓을 수 있는 기회, 신적 빛에 단지 부정으로서 그 빛을 뒤따르는 것에 불과한 그림자를 붙잡고 그것을 영원화하려는 기회, 자기 방식으로 스스로 하나님이 되려는 기회를 갖는다. 이런 가능성에 대해 아는 것, 그리고 그와 함께 이미 주어진 이런 가능성

---

30 같은 책, 248-249.

을 사용하는 것이 죄다.[31]

바르트에게 있어 죄는, 종교개혁자들이 말하는 바처럼 하나님을 믿지 않는 것도 아니고 하나님의 계명에 대한 불순종도 아닙니다. 그는 죄는 그 근원에서 하나님의 비밀 속에서 인간의 하나님과의 통일이 갈라질 가능성이요, 축복과 저주로의 예정의 가능성이라고 말합니다. 그렇다면 결국 죄는 하나님과 피조물의 관계에서 일어나기 이전에, 하나님 안에서 분열과 축복과 저주로 예정될 가능성에서 생겨나게 되었다는 뜻이 됩니다. 하지만 이것은 죄에 대한 아주 모호한 정의입니다.

나중에 『교회 교의학』에서도 볼 수 있지만, 바르트는 죄와 의가 결국 하나님에게서 유래되었다고 암시하는 듯한 인상을 줍니다. 또한 바르트는 인간이 하나님과 같이 될 가능성을 아는 것이 죄이고, 또 그와 함께 이미 주어진 그 가능성을 사용하는 것이 죄라고 말합니다. 그는 죄를 다분히 인식론적 관점에서 추론적으로 이해하려고 합니다.

다섯째, 종교는 인간을 구원하지 못한다.

바르트는 종교의 의미는 권세(Macht)를 보여 주는 것으로

---

31 같은 책, 249.

써 죄는 이 권세를 가지고 이 세상에 있는 인간을 지배한다고 말합니다. 그는 종교의 현실은 투쟁이고 거침돌이며 죄이고 죽음이며 마귀이고 지옥이며,[32] 종교는 인간을 죄책과 운명의 문제성에서 철저히 끄집어내지 못하고 도리어 그것들 속으로 집어넣는다고 말합니다. 그는 종교는 삶의 문제에 어떤 답도 가져다주지 못하고, 도리어 인간으로 하여금 자기 자신을 전적으로 풀 수 없는 수수께끼로 만들어 버린다고 비판합니다. 그는 결론적으로 종교는 인간의 구속도 아니고 구속의 발견도 아니며, 도리어 그가 풀려날 수 없는 존재라는 사실에 대해 발견하게 하는 수단이라고 말합니다.[33]

『로마서』에 나타난 바르트의 사상과 그에 대한 비판

『로마서』 제2판은 큰 반향을 불러일으켰습니다. 기존 정통주의 신학자들이나 자유주의 신학자들이 이야기하지 않은 문제들 혹은 이야기할 수 없는 문제들을 이 책이 다루었기 때문입니다. 바르트는 종교개혁자들과 키르케고르 등에 근거하여 신 인식론, 기독론, 신앙론, 역사, 종교 등을 기존 신학과는 완전히 다르게 말합니다. 그는 종교개혁의 정통주

---

32 같은 책, 261.
33 같은 책, 262.

의 신학에 의존하지만 사실상 그 길로 가지는 않습니다. 또한 자유주의 신학을 분명하게 비판합니다. 그는 새로운 변증법적 신학을 통해 "…이다, …이 아니다"와 같은 정언 문장을 용인하지 않습니다.

바르트의 새로운 신학적 사고에 대한 비판은 자유주의 신학자들의 진영에서 가장 먼저 나옵니다. 바르트의 스승이었던 하르낙이 가장 먼저 그를 비판합니다. 하르낙은 잡지 〈기독교 세계〉(*Die Christliche Welt*, 1923)에서 "신학의 무시자에 대한 15항의 질문"으로 바르트를 공격했으며, 바르트도 동일한 잡지에서 하르낙의 질문에 대답합니다. 두 신학자는 이후에도 서신을 통해 계속 논쟁했습니다.

하르낙은 바르트가 신학교의 교수 강단을 설교단으로 변모시키고 있으며, 전 교회사의 진행에 근거해서 볼 때 그런 작업은 성공하지 못하고 결국 와해될 것이라고 경고합니다. 이에 바르트는 설교와 신학이 일치해야 한다고 강변합니다. "나는 설교자가 권한 때문에 '말씀'을 증거해야지, 자신의 경험이나 체험, 규율과 반성을 선포해서는 안 된다고 이미 인정한 것으로 전제합니다. 그리스도의 말씀을 통해 설교의 진리와 신앙이 오는 것은 당신도 인정한 바입니다. 이 말씀을 다시 전하는 것이 설교자의 과제라면, 이것 역시 (설교자와 적어도 도덕적, 인격적 연합 속에 있는) 신학자의 과제입니다.…나는 선교신학이 시작된 이후에 수행된 학문적 사고와 진술, 건설적 사고와 진술 사이의 분리가 어떻게 일의 본질로부터 정초되는지 통찰할 수 없습니다."[34] 바르트는 설교와 신학이 일치될 수 없음을 주장하는 하르낙을 비판합니다.

하르낙은 "학문적 신학의 최대 요구는 역사적 지식과 비판적 반성이므로, 이런 엄격한 반성 없이 성서의 계시를 이해한다면 사실적인 그리스도를 환상적인 그리스도와 혼동하게 하는 것"이라고 바르트에게 경고했습니다. 그는 "신학의 과제는 설교의 과제와 일치해야 한다"(Die Aufgabe der Theologie ist eins mit der Aufgabe der Predigt)고 말한 바르트의 주장을 비판하고, "신학의 과제는 학문 일반의 과제와 일치한다"고 주장합니다. 그리고 역사 외에 외경과 신학의 학문성을 강조하는 하르낙은 바르트처럼 하나님의 계시와 모든 문화사, 정신사를 극단적으로 분리하지 않고, 하나의 통일로 보려고 했습니다.[35]

루터파 신학자 파울 알트하우스(Paul Althaus)도 바르트를 다음과 같이 비판했습니다. "자연과 역사의 전 세계를 회의주의와 세속주의에 넘겨주고 무신론 철학이 우리를 무신론화했던 것을 따라 말하는 것을—예수 그리스도가 아버지께로 가는 유일한 것을 통해 그리스도의 영광을 보존하

---

34 김영한, 『바르트에서 몰트만까지』, 31쪽에서 칼 바르트의 편지를 인용한 것을 재인용함.
35 같은 책, 31-32.

려 한다는 주장과 함께—어떻게 교회적으로 신학적으로 책임져야 하는가를 나는 도무지 이해할 수 없다."[36] 로마 가톨릭 신학자 발타자르는 바르트가 계시의 부정적인 부분을 강조했기 때문에 "절망 속에서 표현하여 이것이 곧 비극"이라며 그를 비판했습니다. 틸리히도 바르트의 변증법적 방법은 정(正)보다 반(反), 긍정적인 역설보다는 비판적인 역설이 지배적이라며 그를 비판했습니다.[37]

정통 개혁주의 신학 진영에서도 바르트를 비판했습니다. 김영한 교수의 비판은 개혁주의 신학자들의 공통적인 입장이라 할 수 있습니다. 그는 이렇게 비판했습니다. "초기의 『로마서』에서 전파된 신은 그 내용에 있어서 구원을 수행하는 성서적 인격적 신이라기보다는 '불가지론적 초월적 신'(agnostische transzendenter Gott)이며, 성서적 개혁주의적이라기보다는 플라톤적 칸트적 키르케고르적인 사상적 방향에 정위되는 것 아닌가?"[38]

그는 계속하여 비판합니다. "19세기 자유주의 신학이 하나님과 역사의 동일 철학에 기초한 것이라면, 20세기 초 변증법적 신학은 한편으로는 자유주의 신학에 대항하여 하나님 말씀의 권위와 계시성을 재발견함으로써 기독

---

[36] 같은 책, 45.
[37] 같은 책, 27 ff.
[38] 같은 책, 37.

교 신학의 진정한 성서적 개혁주의 전통을 현대사상 속에서 계승하면서도, 다른 한편으로는 플라톤적 칸트적 이원론 사상을 이러한 하나님의 말씀을 파악하는 방법으로 사용함으로써 하나님과 역사의 이원적인 초절주의에 빠지면서 신학적 관념주의 방향으로 나아가게 되었다."[39] 그는 바르트의 신학이 부정 신학에 머물러서 반(反)이 정(正)보다 강하고, "은폐됨"이 "드러남"보다 강하게 지배되며, 은혜보다는 심판이 강조되고, 내재보다는 초월이 강조된다고 비판합니다.

저는 바르트가 이 책에서 신앙은 무엇이 아니라고 말할 뿐이지, 정작 신앙에 대해서는 모호하고 피상적이며 관념적으로 설명해 놓았다고 생각합니다. 바르트는 신앙이란 예수 그리스도의 십자가와 부활의 소식(복음)에 대한 신앙이라고 분명하게 말하지 않습니다. 이편과 저편을 혼동하는 모든 신학적 시도에 대한 그의 비판은 좋았지만, 이편이 죄로 말미암아 타락했음에도 불구하고 예수 그리스도를 보내 이 세상의 죄를 담당하게 하시면서 이편을 끌어안고 사랑하시는 하나님에 대한 말씀은 매우 빈약했다고 생각합니다.

하나님을 찾는 이편의 다른 모든 시도를 부정하는 데 초점을 맞추다 보니 진노의 하나님을 강조하게 되었고, 그

---

39 같은 책, 45.

럼에도 불구하고 이편을 위해 자기 아들을 내어 주신 사랑의 하나님은 매우 적게 나타나고 있습니다. 또한 이편의 모든 인간적인 것을 부정하다 보니, 일반 은총도 거의 인정하지 않게 됩니다. 종교개혁적인 계시 의존적 사색이 아니라 철학적 인식론적 사색이 신학 원리가 되는 것 같습니다. 바르트는 글을 너무 철학적으로 쓰기 때문에 신학자들도 그의 사상을 제대로 파악하기가 쉽지 않습니다. 당대의 철학자들과 변증적인 차원을 포함하고 있어서 그러한 철학을 알지 못하는 독자들은 이해하기가 어렵습니다.

우리는 바르트가 인간과 하나님의 만남을 계시 밖에서—즉 역사 안에서, 종교 안에서, 혹은 도덕 안에서—찾으려는 모든 시도를 통렬하게 비판했다는 점에서 그의 공로를 인정할 수 있을 것입니다. 하나님은 인간과 전적으로 다른 분이시라는 걸 찾아낸 것이 그의 또 다른 공로입니다. 그러나 "아니다" 쪽을 너무 강조하다 보니 부정 신학으로 떨어지게 됩니다. 그리고 감정과 의지를 강조하는 그 시대의 신학(즉 슐라이어마허와 자유주의자들)을 비판하다 보니, 그의 신학은 너무 인식론 중심적으로 흐릅니다.

결론적으로 평가하면, 바르트가 인간이 구원의 수단으로 만들어 낸 모든 방법에 대해 "아니다"라고 한 것은 잘한 일입니다. 하지만 그것이 아니면 무엇인가에 대한 대답은 아주 미미했습니다. "그것이 아니면 무엇인가?"에 대한 대답이 그가 『로마서』 이후에 보완해야 할 부분이었다고 볼 수 있습니다. 그는 후기 작품인 『교회 교의학』에서 이것을 잘 보완하고 있으며, 그의 신학은 부정 신학에서 긍정 신학으로 옮겨 갑니다.

4.
교회 교의학

바르트의 초기 신학에 따르면, 죄인인 인간은 교의학을 쓸 수 없습니다. 인간은 하나님과 무한한 질적 차이가 있고, 하나님과 어떤 비슷한 점도 없기 때문입니다. 하나님과 인간의 관계는 "예"와 "아니요"로 이루어지는 변증법적 방법을 통해서만 가능합니다. 그러나 그는 괴팅겐 대학 시절인 1924년에 썼던 『기독교 강요』를 통해, 그다음 단계에서는 뮌스터 대학에서 1927년에 썼던 『기독교 교의학 개요』를 통해 초기의 변증법적 신학으로부터 교회의 설교에 적법한 원리를 제공하는 교의학을 쓰려는 방향으로 나아가게 됩니다.

이제 그는 실존주의적 용어를 사용하여 하나님과 인간의 대립을 강조하기보다는 하나님과 인간의 유비(analogia는 '유추' 혹은 '유비'로 번역할 수 있음)를 더 강조합니다. 그리고

1930년대로 넘어가면서 설교를 위한 봉사로서의 교의학뿐만 아니라 점차적으로 신학의 한 분과로서의 교의학을 쓰려는 쪽으로 생각이 발전합니다.[1]

바르트는 죄인인 인간도 교의학을 쓸 수 있다는 근거를 그리스도에게서 찾기 시작합니다. 그의 신학은 점점 더 그리스도 중심(christologische Konzentration)의 신학으로 변모됩니다. 그는 자서전 『우상은 흔들린다』(*Der Götze wackelt*)에서 자신이 교의학을 쓸 수 있는 확고한 근거를 "그리스도 안에서" 갖게 되었다고 고백합니다.

> 나의 새로운 과제는 이전에 말했던 모든 것을 다시 한번 완전히 다르게, 즉 이제는 예수 그리스도 안에서 하나님의 은혜의 신학으로 철저히 생각하고 말하는 것이었다.[2]

바르트는 초기의 『로마서』에서 말했던 진리들을 수정할 생각이 있는 것처럼 보입니다. 하지만 그는 자신이 『로마서』에서 사용한 전적 타자, 사선(死線) 등의 용어를 완전히 버리고자 한다는 뜻이 아니라, 그런 개념들을 '예수 그리스도 안에 나타난 하나님의 은혜의 신학'이라는 관점에

---

[1] Thomas Schlegel, *Theologie als unmögliche Notwendigkeit: Der Theologiebegriff Karl Barths in seiner Genese(1914-1932)*, Neukirchener, Göttingen, 2007, 194-221.

[2] *Der Götze wackelt*, hrsg. von Karl Kupisch, Berlin, 1961, 185 f.

서 다시 한번 철저하게 생각하고 싶다는 뜻으로 말한 것입니다.

바르트의 이런 생각은 중세의 스콜라 신학자 안셀무스의 책을 공부하면서 확고해졌습니다. 그는 1931년에 안셀무스의 『프로슬로기온』(*Proslogion: Fides Quaerens Intellectum*)을 연구하고 나서 『이해를 추구하는 믿음: 안셀무스의 신학적 체계와 연관한 신 존재 증명』(*Fides Quaerens Intellectum: Anselms Beweis der Existenz Gottes im Zusammenhang seines theologischen Programmms*)을 펴냅니다. 그는 이 책의 서문에서 자신이 안셀무스의 책을 올바로 해석하고자 노력했고, 더 나아가 안셀무스의 통찰력에서 큰 도움을 받았다고 시인합니다.[3] 그리고 1958년에 이 책의 재판을 펴내면서 서문에 자신의 『교회 교의학』을 이해할 열쇠가 들어 있다고 말합니다.

> 나는 이 책을 탈고하자마자 『교회 교의학』에 계속 매진했다. 앞으로 남은 시간 동안 『교회 교의학』에 집중할 것이다. 한스 우르스 폰 발타자르와 같은 소수의 사람만이 안셀무스에 대한 나의 관심이 절대 지엽적이지 않다는 것을, 그리고 (성 안셀무스에 대한

---

[3] "비록 내가 안셀무스의 견해에 전적으로 동의할 수 없고 또 그렇게 하지도 않겠지만, 그럼에도 불구하고 〈안셀무스의 신학적 체계와 연관한 신 존재 증명〉이 대단히 통찰력이 있고 훌륭하며, 그 하나하나가 우리에게 가르침을 주는 하나의 모델이 될 만한 신학임을 부정할 수 없다." (칼 바르트, 『이해를 추구하는 믿음』, 한국문화사, 2013, 서론 9.)

나의 역사적 관점이 어느 정도는 올바르다는 것을 전제함으로써) 그의 신학이 내게 큰 영향을 끼쳤다는 것을, 혹은 나의 사상적 지표가 있다는 것을 인식했다. 안셀무스를 다루는 이 책 속에 안셀무스의 신학이 아니라 나의 '교회 교의학'을 이해할 열쇠가 들어 있다는 것을 대부분의 사람들은 보지 못한다.[4]

바르트는 안셀무스에게서 무엇을 배웠을까요? 안셀무스의 신학에서 가장 중요한 단어는 '이해하다'(Intelligere)입니다. 안셀무스는 믿음은 하나님의 선행하는 은혜로부터 온다고 말합니다. 그리고 하나님은 존재하고 계시며, 참된 믿음은 인간이 전혀 손을 댈 수 없는 하나님의 은혜의 선물입니다. 그는 이런 믿음의 속성이 '이해를 추구하는 믿음'(Fides quaerens intellectum)이라고 말합니다. 즉 우리가 가진 믿음은, 자신이 믿는 내용을 이해하려는 욕구를 갖게 된다는 것입니다. 또 이해하려는 노력은 하나님의 존재를 증명하기 위해서만이 아니라 하나님의 진리를 통해 그분을 기뻐하기 위해서라고 말합니다. 비록 이해의 활동을 통해 진리에 이르지 못해도 그 앎의 활동 자체로 기뻐할 수 있다고 말합니다. 바르트는 다음과 같이 말합니다.

---

[4] 칼 바르트, 『이해를 추구하는 믿음』, 서론 12.

안셀무스의 작품에서 그의 관심은 하나의 예외만을 제외하고는 모두 신학, 즉 믿음에 대한 이해(intellectus fidei)였다. '이해를 추구하는 믿음'은 서문에서 밝힌 대로 '프로슬로기온'(Proslogion)의 본래 제목이다. 따라서 안셀무스와 관련된 이해(intelligere)는 믿음이 요청하는 이해일 뿐이다. 그리고 그가 말하는 '이해'와 그 활동인 '증명함'과 '기뻐함'으로 필연적으로 우리를 이끄는 것은 전적으로 믿음이 '요구'(verlangen)하는 것이다.[5]

그는 안셀무스의 말을 인용하면서, 믿음을 가진 사람이라면 이해하는 일을 게을리할 수 없으며, 믿음의 근거를 추구할 수밖에 없다고 말합니다.

따라서 믿음은 본질적으로 이해를 추구하는 것이다. 그러므로 안셀무스는 우리가 믿음 안에서 확고히 된 후에, 믿고 있는 것을 이해하려고 노력하지 않는다면 그것은 나태함 때문이라고 했다. 결국 우리가 믿음의 확신을 가질 때 우리는 믿음의 근거를 추구하게 될 것이 분명하다.[6]

바르트는 안셀무스에게서 신학이 가능할 수 있는 토대를 발견합니다. 신학의 토대는 그에게 있어 (중립적) 이성이

---

5 같은 책, 9-10.
6 같은 책, 21.

아니라 (예수 그리스도에 대한) 신앙입니다. 이 신앙은 자신이 믿고 있는 진리를 알고자 합니다. 신앙은 이성의 활동을 요구합니다. 하지만 이성은 신앙이 믿고 있는 내용을 증명하기 위해서만이 아니라 그 내용을 설명하고 기뻐하기 위해서 활동합니다.

그러면 이성을 통해 수행되는 신학의 활동은 무엇입니까? 하나님의 계시를 연구하고 이해하는 일입니다. 그런데 바르트는 정통주의의 영감론적 방법론이나 자유주의의 역사 비평학적 방법론을 찬성하지 않습니다. 이 두 진영의 연구 방법은 한계가 있다고 봅니다. '예수 그리스도를 통해 세계와 화해하시는 은총의 계시'라는 전제를 받아들이지 않기 때문에 결국 성경을 바로 이해하지 못하게 된다고 봅니다.

뒤에서 분명히 밝히겠지만, 바르트에게 하나님의 계시는 '예수 그리스도를 통해 세계와 화해하시는 은총의 계시'입니다. 그러므로 모든 이성을 통한 인식의 활동은 예수 그리스도를 중심으로 예수 그리스도를 유추하여 이루어져야 합니다. 예수 그리스도는 하나님과 닮았고 인간과도 닮은 신인(God-Man)이기 때문입니다. 그러므로 이성으로 수행되는 신학 활동은 철저하게 예수 그리스도에 대한 신앙에 의해 진행되어야 합니다. 신학자는 늘 예수 그리스도를 믿고 그분에게 순종해야 합니다. 바르트는 예수 그리스도에 대한 믿음과 순종 속에서 그리고 성령의 도우심으로 하나님과 인간의 화해 사건인 성경 계시를 설명할 수 있다고 봅니다.

하지만 이성은 하나님의 진리를 직접적으로가 아니라 유비(analogia는 '유추'로도 번역됨)적으로만 말할 수 있습니다. 이성은 독립적이거나 중립적일 수 없습니다. 바르트는 이성은 신앙에 의존하기 때문에, 하나님이 존재하고 계시며 그분은 예수 그리스도 안에서 세계와 화해하신다는 신앙의 토대 위에서 하나님을 중심으로 피조물에 대해 설명해 나갑니다. 이런 점에서 그는 '신앙의 유비'(analogia fidei)라는 말을 사용합니다.

그는 이 신앙의 유비를 '관계의 유비'(analogia relationis)라고도 칭했는데, 이는 예수 그리스도와의 관계에서 이해하기 때문입니다. 또한 '계시의 유비'(analogia reverlationis)라고도 칭했는데, 이는 예수 그리스도 안에서 화해의 계시를 통해 만물을 인식하기 때문입니다.

바르트의 유비 방법은 가톨릭 신학에서 말하는 '존재의 유비'(analogia entis)와는 다릅니다. 존재의 유비란 존재자인 피조물은 존재 자체이신 하나님과 닮은 점(analogia)이 있기 때문에, 인간이 자신 안에 있는 중립적 이성을 통해 피조물을 사색함으로써 하나님의 존재를 입증하는 방법입니다. 바르트는 안셀무스를 통해 '하나님은 입증되기도 전에 이미 하나님이시고 이 사실은 변함없다'는 사실을 받아들입니다. 바르트는 존재의 유추를 통해 하나님의 존재를 입증하는 스콜라적 신 존재 증명 방법은 철저히 안셀무스적인 것이 아니라고 말합니다. 도리어 창조주로부터 피조물을 유추하는 '신앙의 유추'(analogia fidei)를 통해서만 신학 활동이 가능하다고 봅니다.

바르트는 『교회 교의학』에서 자신이 『로마서』에서 말했던 변증법적 신학의 노선을 수정하고, 유추적으로 정언적 신학이 가능하다고 말합니다.

> 신앙과 고백 속에서 하나님의 말씀은 인간의 사상과 인간적인 말씀이 됩니다. 하지만 그것은 확실히 무한한 비유사성과 비적합성으로만 됩니다. 그렇다고 해서 하나님의 말씀은 그의 모범에 대해 전적으로 낯섦의 형태로서가 아니라, 도리어 그의 전적으로 인간적이고 죄 있는 전도(顚倒)의 형태로서, 신적인 것의 숨김과 동시에 폭로로서 신적인 모사가 된다.[7]

그는 신앙과 고백을 가지고 하나님의 말씀을 연구하면 하나님의 말씀은 인간의 사상과 인간적인 말씀이 될 수 있는데, 이 방법으로 하나님의 말씀을 정확히 이해하는 것은

---

7 *Die kirchliche Dogmatik, Studienausgabe, Bd. 1:1, Die Lehre vom Wort Gottes; Einleitung: Das Wort Gottes als Kriterium der Dogmatik*, TVZ 1981, 254.

불가능하지만, 비슷하게는 이해할 수 있다고 말하는 것입니다. 그는 이 신앙의 유추 방법으로 『교회 교의학』을 씁니다. 하지만 대작 네 권을 쓰고는 중단하게 됩니다. 이 책의 내용은 다음과 같습니다.

    I. 하나님의 말씀론(Die Lehre vom Wort Gottes)

    II. 신론(Die Lehre von Gott)

    III. 창조론(Die Lehre von der Schöpfung)

    IV. 화해론(Die Lehre von der Versöhnung)

다섯 번째 책으로 쓰려고 했던 구속론(Die Lehre von der Erlösung)은 손을 대지 못하고 세상을 떠났습니다. 그는 이 교의들을 삼위일체 하나님 중심으로 써 나갑니다. 이 세상과 인간에게 일어난 모든 사건은, 삼위일체 하나님 사이에서 일어났던 일들의 유비로 보며 그 일들을 기술합니다.[8]

하나님의 말씀론: 성경과 계시에 대한 이해

바르트는 "삼중적 형태를 가진 하나님의 말씀"(Das Wort Gottes in seiner dreifachen Gestalt)이라는 소제목으로 시작하며 서론적으로 다음과 같이 말합니다. "선포를 선포로 만들고, 교회를 교회로 만드는 전제는 하나님의 말씀이다. 하

---

8 *Die Lehre vom Wort Gottes*, 89-90.

나님의 말씀은 성경 안에서 근원적으로 단번에 하나님의 계시를 통해 말했던 예언자들과 사도들의 말에서 증거되고 있다." 그는 선포를 선포로 만들고 교회를 교회로 만드는 것은 선지자와 사도들을 통해 주어졌던 하나님의 계시의 말씀이라는 사실을 천명합니다. 그리고 '선포된 하나님의 말씀'에 대해 먼저 설명합니다.

1) 선포된 하나님의 말씀(Das verkündigte Wort Gottes)

바르트는 선포를 선포로 만들고 교회를 교회로 만드는 전제에 대해 말합니다. 그는 선포와 교회의 관계는 성만찬의 빵과 포도주의 관계와 같다고 말합니다. 선포와 교회는 간단하고 볼 수 있게 현존하는데, 이는 성만찬의 빵과 포도주가 간단하고 볼 수 있게 현존하는 것과 같고, 성만찬에서 빵과 포도주를 먹고 마시는 것이 간단하고 볼 수 있게 일어나는 것과 같다고 말합니다. 그는 이런 사건의 전제는 하나님의 말씀이라고 하며 자신의 논지를 전개시킵니다.

바르트는 하나님의 말씀은 위탁(Auftrag)이며, 선포는 실제적인 선포가 되기 위해 주어진 말씀에 근거해야 한다는 점을 분명히 합니다. 이와 동시에 선포의 필요성은 객관적으로 다음의 사실에 근거해서는 안 된다는 점도 분명히 합니다. 교회의 선포 내용이 되어서는 안 되는 것들은, 인간의 현존이나 사물에 내재하는 정황이나 가치 질서에 따라 인식과 공지를 요구하는 것들입니다. 그는 이런 경우에는 선포가 아니라 근본적으로 세속 학문이 이것에 상응되어야 한다고 말합니다. 또한 선포의 필요성은, 인간이 주관적으로 개인적인 확신을 가지고 이런 특별한 말을 하도록 밀어붙이는 것에 근거해서도 안 된다고 말합니다.

그는 하나님의 말씀은 이런 맥락에서 하나님의 적극적인 명령이라고 말합니다. 즉 하나님의 말씀을 선포하는 사람은 하나의 동기에 의해, 즉 전적으로 탁월한 원리에 의해 동기 부여를 받아, 비록 인간적인 동기가 판치는 세계의 한복판에서 활동할지라도, 하나님의 말씀을 따라 "당신은 이렇게 해야 합니다"라고 명령해야 한다는 뜻입니다.[9]

바르트는 하나님의 말씀은 실제적인 선포를 의미한다고 말합니다. 즉 하나님의 선포된 말씀은 하나님에 대한 언사(Rede는 '언사'[言辭] 혹은 '말'로 번역할 수 있음)이며, 모든 인간적인 동기를 근본적으로 초월한다는 것입니다. 그러므로 그는 하나님의 말씀은 인간적인 근거가 될 수 없고 단지 사실적으로 일어나며 하나님이 인정하실 수 있는 지침에 근거한 하나님에 대한 언사라고 말합니다. 더 나아가 그는 하나님의 말씀은 대상(Gegenstand)—즉 선포가 실제적인 선포가 되게 하기 위해 그 자체로서 선포에 주어져야

---

9 같은 책, 89-91.

하는 대상—이라고 말합니다. 또한 하나님의 말씀은 판단(Urteil)—즉 그의 선포에 의해서만 실제적인 선포가 될 수 있는 판단—이라고 말합니다. 마지막으로 그는 하나님의 말씀은 결국 선포가 실제적인 선포가 되는 사건 자체라고 말합니다.[10]

2) 기록된 하나님의 말씀(Das Geschriebene Wort Gottes)

바르트는 개신교회의 정통 신학을 고수하는 교회들과 가장 큰 충돌을 일으킬 '교회의 선포와 성경의 관계'에 대해 설명합니다. 그는 교회의 선포가 첫 번째 크기(중요함)이고, 성경은 두 번째 크기(중요함)라는 전제에서 시작합니다. 그리고 성경은 그 자체가 인간의 입을 통해 한때 일어난 사건의 축적된 표현(침강물)이라고 말합니다. 하지만 성경은 아직도 그 형태에서 글로써 역사적인 기념이라기보다는, 도리어 교회의 서류이고 글로 된 선포가 되고자 한다고 말합니다.[11]

바르트는 여기서 자신의 성경관을 명확하게 표현합니다. 그는 하나님이 성경을 그분의 말씀이 '되게 하는 한에서', '하나님이 성경을 통해 말씀하시는 한에서' 하나님의 말씀이라고 말합니다. 그리고 '성경은 하나님의 말씀이다'

---

10 같은 책, 92-95.
11 같은 책, 104.

라는 문장은 신앙고백의 문장이고, 성경적 인간의 말 속에서 하나님이 말씀하시는 것을 듣는 신앙의 문장이라고 말합니다.

그러므로 그는 성경은 이런 사건 안에서 하나님의 말씀이 되며(werden), '성경은 하나님의 말씀이다'는 문장 속에 있는 단어 '이다'(ist)는 이런 '되어 감'(Werden)의 과정에 있는 성경의 존재와 관계있다고 말합니다. 즉 성경이 하나님의 말씀이 되는 것은, 우리가 성경에 대해 믿음을 갖는 것에 달려 있지 않고, 도리어 성경이 우리에게 계시'되는'(wird) 것에 달려 있다고 말합니다.[12]

그는 계속하여 성경은 교회가 하나님이 일어나게 하신 계시를 기억하도록 하고, 그분이 우리에게 주시는 미래의 계시를 기대하도록 환기시키며, 바로 그것을 가지고 선포하도록 요청하고, 전권을 주며, 그리로 안내하는 구체적인 수단이라고 말합니다. 바르트는 자신의 성경관을 다음 문장에서 가장 분명하게 전달합니다.

> 성경은 스스로 그리고 그 자체로 하나님이 일어나게 하신 계시가 아니며, 또한 교회의 선포 역시 스스로 그리고 그 자체로 기대된 미래의 계시가 아니다.

---

12 같은 책, 112-113.

그는 하나님의 말씀으로써 우리에게 말씀하시고 우리에 의해 들려지는 성경이 일어난 계시를 증거한다(bezeugt)고 말합니다. 그는 성경이 하나님의 말씀'이다'(ist)가 아니라 하나님의 말씀을 '증거한다' 혹은 '증언한다'(bezeugt)고 말합니다.

사실 그의 성경관은 루터와 칼뱅과 같은 종교개혁자들의 성경관과 정면으로 충돌합니다. 그는 종교개혁자들의 신학 전통과는 다른 전통을 만들고 있는 것입니다. 또한 그는 하나님의 말씀으로써 우리에게 말씀하시고 우리에 의해 들려지는 성경은 미래의 '계시다'가 아니라 미래의 계시를 '약속한다'(verheißt)고 말합니다.

바르트는 더 나아가 "성경은 실제로 계시를 증거하면서 성경이고, 실제로 계시를 약속하면서 하나님 말씀의 선포다"라고 말합니다. 하지만 그는 선포 안에서 주어지는 약속은 성경에 있는 증거에 근거하며, 미래의 계시의 소망은 단번에 일어난 계시에 대한 신앙에 근거한다고 말합니다. 그러므로 교회와 계시의 결정적인 관계는 "성경을 통한 교회의 증거다"라고 말합니다. 그는 이 사실을 강조하면서 다음과 같이 말합니다.

> 교회의 증거! 다시 말하지만, 성경은 스스로 그리고 그 자체로 하나님의 일어난 계시가 아니다. 도리어 성경이 하나님의 말씀

이 되면서, 성경은 증거의 형태 안에서 하나님의 일어난 계시를 증거한다(Ihre Bezeugung! Nochmals: Die Bibel ist nicht selbst und an sich Gottes geschehene Offenbarung, sondern indem sie Gottes Wort wird, bezeugt sie Gottes geschehene Offenbarung in der Gestalt der Bezeugung).[13]

바르트는 종교개혁자들의 성경관과는 전혀 다른 성경관을 더욱 분명하게 피력합니다. 그는 성경 자체를 하나님의 계시로 보지 않습니다. 그에게 성경은 하나님의 계시에 대한 증거(bezeugt)일 뿐입니다. 성경의 저자들은 자신들에게 임한 계시에 대해 증거했고, 이 증거를 기록한 책이 성경이라는 것입니다. 그는 하나님의 말씀이 내게 사건이 되어질 때(werden), 비로소 하나님의 말씀이 된다고 말합니다. 성경은 그 자체로 볼 때는 하나님의 말씀이 아니고 내게 일어난 사건으로서의 계시, 그리고 그 계시에 대한 신앙이 성경을 하나님의 말씀으로 만든다는 이야기가 됩니다. 반면, 종교개혁자들은 하나님의 말씀이 신앙에 달려 있는 것이 아니라 하나님의 말씀 자체가 신앙을 창조한다고 말합니다.

---

13 같은 책, 114.

3) 계시된 하나님의 말씀(Das Offenbarte Wort Gottes)

바르트는 여기서도 성경은 일어난 계시를 증거한다(bezeugt)는 전제에서 시작합니다. 그는 "성경은 구체적인 수단이다"(Die Bibel ist das konkrete Mittel)라고 말합니다. 그리고 교회는 성경이라는 수단으로 하나님이 주신 계시를 기억하고, 미래에 대한 계시를 기대하도록 소환되며, 바로 그것과 함께 선포하도록 요청을 받고 권한을 부여받으며 유도된다고 말합니다. 그는 바로 앞에서 인용한 내용과 거의 비슷하게 자신의 성경관을 다시 한번 분명하게 밝힙니다.

> 그러므로 성경은 스스로 그리고 그 자체로 하나님의 일어난 계시가 아니다. 이는 마치 교회의 선포 역시 스스로 그 자체로 기대된 미래의 계시가 아닌 것과 같다(Die Bibel ist also nicht selbst und an sich Gottes geschehene Offenbarung, wie ja auch die kirchliche Verkündigung nicht selbst und an sich die erwartete künftige Offenbarung ist).

그러면 성경은 어떤 역할을 하는 것일까요? 그는 계속해서 말합니다.

> 도리어 하나님의 말씀으로써 우리에게 말씀하시고 우리에 의해 들려진 성경은 일어난 계시를 '증거한다.' 하나님의 말씀으로

써 우리에게 말씀하시고 우리에게 들려진 선포는 미래의 계시를 '약속한다.' 성경은 계시를 증거하면서 실제로 성경이다. 그리고 성경은 계시를 약속하면서 선포는 실제로 하나님의 말씀이다.

바르트는 하나님의 계시와 성경을 분명하게 구분합니다. 그는 앞에서 말했던 내용을 여기에서 또다시 반복하면서 성경은 단지 하나님의 일어난 계시에 대해 증거하는 책일 뿐이며, 성경 자체가 하나님의 계시는 아니라는 사실을 강조합니다.

교회의 증거! 다시 말하지만 성경은 스스로 그리고 그 자체로 하나님의 일어난 계시가 아니다. 도리어 성경이 하나님의 말씀이 되면서, 성경은 증거의 형태 안에서 하나님의 일어난 계시를 증거한다.[14]

그러면 바르트가 말하는 계시란 무엇일까요? 개신교의 정통주의 신학에는 일반계시와 특별계시가 있습니다. 하지만 바르트는 일반계시는 인정하지 않고 특별계시만 인정합니다. 그에게 특별계시는 무엇입니까? 예수님의 십자가와 부활을 통한 죄인의 구원입니까? 그렇지 않습니다. 그

---

14 같은 책, 114.

에게 계시는 하나님이 세상과 화해하셨다는 것입니다. 그는 계시를 화해와 동일시합니다. 화해는 계시의 여러 내용 가운데 하나가 아니라, 계시가 곧 화해라고 말합니다. 우리는 다음 내용에서 이 사실을 확인할 수 있습니다.

4) 1930년대 바르트의 계시관

바르트가 『교회 교의학』을 집필하던 1934년에 파리에서 했던 세 편의 설교를 통해 우리는 그의 계시관을 좀 더 잘 이해할 수 있습니다.

바르트는 예수 그리스도가 계시고 성령님이 계시는 곳에 하나님이 계신다고 말합니다. 또한 우리 신자가 있는 곳에 하나님이 계신다고 말합니다. "계시란 우리(신자)가 있는 곳에 하나님이 계신다는 것을 뜻한다." 그는 이에 대해 부연 설명을 합니다.

> 우리가 있는 바와 같이 하나님이 우리 가운데 계시며, 그분은 우리와 같은 분으로 계신다. 그분은 우리의 본성을 자신의 본성으로, 또한 우리의 죄를 자신의 죄로, 우리의 죽음을 자신의 죽음으로 삼으셨다. 말할 수 없는 신적 엄위성 속에 계신 그분에게 어떤 인간적인 것도 낯선 것이 아니다. 그분은 우리의 운명, 우리의 무신성, 우리의 지옥의 고통을 짊어지셨다. 우리의 가장 깊은 고통은 또한 하나님 자신의 고통이다. 바로 우리의 가장 깊은 고통

속에서 그분은 우리를 위하시고, 우리를 대변하시며, 우리가 고통당할 수 없고 회복할 수 없는 것을 돌리시고 고통당하시며 회복하신다. 죄인의 죽음을 당하신 그분, 하나님의 오른편에 계시며 우리를 대변하시는 그분이―곧 예수 그리스도께서―그렇게 하신다. 우리가 어떻게 해야 바르게 기도할 수 있는지를 알지 못할 때, 말할 수 없는 아픔과 함께 우리를 위해 등장하시는 성령님이 그렇게 하신다.[15]

우리는 여기서 바르트의 신학에서 놀라운 변화를 보게 됩니다. 그는 초기 『로마서』 시절에는 하나님과 우리는 질적으로 차이가 있으며, 우리 안에 있는 것은 하나님과 아무런 관계가 없다고 말했습니다. 하나님의 계시가 우리에게 오지만 금방 사라진다고 말했습니다. 그런데 이 설교에서는 우리가 있는 바와 같이 하나님이 우리 가운데 계신다고 말합니다. 그는 자신의 계시관을 좀 더 축약적으로 다음과 같이 표현합니다.

이미 일어난, 이미 완성된 화해라는 이것이 계시이며, 여기에 계시의 의미와 내용과 무게가 있다. 화해는 계시를 통해 비로소 우리에게 알려져야 할 하나의 진리가 아니다. 오히려 화해는 그분

---

15 칼 바르트, 『말씀과 신학: 칼 바르트 논문집 1』, "계시, 교회, 신학", 170.

의 계시 속에서 우리에게 자기 자신을 선사하시는—능력이 있으시고 거룩하시며 영원하신 자기 자신을, 무력하고 속되며 죽을 수밖에 없는 우리에게 선사하시는—하나님의 진리다. 계시는 하나님 자신이듯이, 그것은 곧 화해다. 다시 말해, 하나님이 우리 가운데 계시고, 우리와 함께 계시며, 결정적으로 우리를 위해 계시다는 것이다.[16]

바르트는 계시를 화해로 환원시키면서 일반계시와 화해 이외의 여러 계시의 내용을 없애는 잘못을 범하고 있습니다. 여기서 우리는 바르트의 계시관이 자유주의자 리츨의 계시관과 어떤 차이가 있는가 하는 의문이 생깁니다. 리츨은 계시의 목적이 칭의가 아니라 하나님과 세상의 화해라고 말하는데, 이것은 예수님을 통한 하나님과 인간의 화해를 계시로 말하는 바르트와 너무나 비슷합니다.

바르트는 더 나아가 계시를 용서의 행위, 성화의 행위, 약속의 행위라고 말합니다.[17] 그는 계시를 삼위 하나님의 존재를 드러내는 것으로 보지 않고 신자에게 미치는 행위와 관계시킵니다.

마지막으로, 그는 성경과 교회와 계시의 관계에 대해 다음과 같이 말합니다.

---

16 같은 책, 170.
17 같은 책, 171-172.

성경이 교회를 다스려야지, 교회가 성경을 다스려서는 안 된다. 그러나 성경은 도구로써 하나님의 손 안에 있다고 말할 수 있다. 성경은 하나님의 계시(화해)에 대한 인간의 증언에 불과하다.… 그것은 성경 전체가 앞에서 말한 근원과 또 하나님의 계시를 증언하는 의미를 갖기 때문이다.[18]

그는 성경은 화해를 의미하는 하나님의 계시에 대한 증언에 불과하다고 강변합니다. 하지만 그럼에도 불구하고 우리가 성경을 캐논(canon)으로 여기고 성경의 권위에 복종해야 한다고 말합니다.

성경 전체는 정당하게도 거룩한 책, 곧 성경에 비추어 교회가 언제나 측정되어야 하며 교회는 성경을 언제나 다시금 겸손하게 연구하고 겸손하게 해석해야 할 캐논이라 부른다. 이것이 교회 특유의 본래적이며 근원적인 다른 충성, 즉 하나님에 대한 충성이다. 하나님에 대한 충성은 간단히 말해서 이 책에 대한 충성이다. 이 충성 속에서 세상에 대한 충성이 — 곧 교회를 침착성의 장소로 만들고 그리하여 참으로 세상적인 장소로 만드는 충성이 — 뿌리박고 있다. 교회가 교회로 실존할 수 있는지 없는지, 또 어떻게 교회로 실존할 수 있는지의 문제는 아무리 간단하게 말한다고

---

18 같은 책, 179.

해도 구체적으로 다음의 문제에 의존하고 있다. 즉 교회가 이 책을 신뢰할 수 있으며, 이 책에 복종할 수 있는가의 문제에 의존하고 있다. 앞에서 성령과 신앙의 방법이라 불렸던 것은 이 신뢰와 복종에 있다.[19]

바르트는 성경과 계시를 분명히 구분합니다. 그는 성경은 캐논이고 계시의 집적물이 될 수 있다고 말합니다. 그리고 성경은 교회의 방향을 제시할 수 있지만, 성경이 곧 계시는 아니라고 말합니다. 또한 계시는 화해와 동일하다고 말합니다. 그런데 바르트의 화해 사역은 아직 완성되지 않았습니다. 그러므로 계시는 아직 완성되지 않은 것입니다. 계시는 미래에 완성됩니다. 이것은 우리가 아직 모르는 것이 있다는 뜻입니다. 하지만 개신교 정통주의 신학은 계시가 이미 종결되었다고 말합니다. 미래에 일어날 일들도 성경에 이미 계시되어 있다고 말합니다. 이것은 실로 큰 차이가 아닐 수 없습니다.

---

[19] 같은 책, 179-180.

선택론

1) 바르트 신학의 핵심, 선택론

바르트는 선택론(Erwählungslehre)에 대해서는 총 두 권의 책을 썼는데, 첫 번째 책에서는 신 인식의 문제를 다루고, 두 번째 책에서는 예정의 문제를 다룹니다. 그는 첫 번째 책(KD II, 1)에서 안셀무스의 노선을 따르며 하나님 인식은 이런 인식의 현실성, 즉 신앙을 전제하면서 하나님을 알려고 하는 실제적인 인식 동기에서 출발해야 한다고 말합니다. 그리고 두 번째 책(KD II, 2)에서는 본격적으로 하나님의 선택에 대해 다룹니다. 그는 학문 활동 초기에는 칼뱅과 마찬가지로 예정론을 매우 높이 평가했지만 학문 활동의 절정기라고 할 수 있는 1943년에는 초기의 입장을 바꾸고 칼뱅의 예정론을 정면으로 비판합니다. 예정 교리는 칭송하면서도, 칼뱅의 이중예정론은 심하게 비판합니다.

바르트는 하나님의 은혜의 선택(예정)을 '복음의 총화'(Summe des Evangeliums)라고 부릅니다. 그리고 하나님의 선택에는 오직 은혜의 선택만 있으며, 칼뱅이 말한 유기(遺棄)의 선택은 결코 없다고 주장합니다. 하나님의 영원한 의지는 오직 한 가지 의지밖에 없다고 말하면서, 칼뱅이 말한 절대적 작정(decretum absolutum)으로서의 이중예정을 부인합니다. 물론 그는 예정이 있다는 것은 인정합니다. 하지만 그 예정은 '예'와 '아니요'가 아니고 '빛'과 '어두움'도 아니며, 단지 '예'이고 '빛'일 뿐이라고 주장합니다. 그러면서 예정론은 하나님의 은혜의 선택, 즉 복음의 총화이고 인간에게 일어날 수 있는 최상의 것이라며 이 교리를 칭송합니다.

바르트는 예수 그리스도를 '선택하시는 하나님'(der erwählende Gott)이자 '선택된 인간'(der erwählte Mensch)이라고 말합니다. 그는 예수님이 하나님으로서 선택자가 되어 우리 인간을 구원하기로―즉 모든 인간을 살리기로―선택하셨다고 말합니다. 또한 예수님이 인간으로서 피선택자가 되어 모든 인간을 살리기 위해 자신이 버림받기로 결의하셨다고 말합니다. 그래서 그는 우리 인간은 예수님이 버림받으실 때 함께 버림받았고, 그분이 선택되실 때 함께 선택되었기에, 선택만 남고 유기(遺棄)는 없다고 말합니다.

바르트는 예정론은 즐겁게 하는 복음이지 괴롭히는 교리가 아니며, 하나님의 선택에는 처음부터 유기가 없었다고 말합니다. 심지어 가룟 유다도 선택을 위한 악역을 담당함으로써 하나님의 선택에 기여했다고 말합니다.

우리가 바르트의 선택론을 잘 이해해야 그의 신학을 제대로 파악할 수 있습니다. 로마 가톨릭 신학자 발타자르는 이 선택 교리가 바르트 신학의 심장이라고 말했습니다.[20]

---

[20] Hans Urs von Balthasar, *Karl Barth*, 389 ff.

바르트는 이 전제로부터 자신의 모든 신학을 전개해 나가는데, 그의 화해론도 이런 공리로부터 써 내려갑니다. 이제 바르트의 선택론을 좀 더 구체적으로 살펴보겠습니다.

2) 선택론의 방향

바르트는 선택론의 방향에 대해 말하면서 하나님의 선택은 '예'의 선택이지 '아니요'의 선택이 아니라고 못을 박습니다.

> 은혜는 하나님의 피조물에 대한 '그럼에도 불구하고'(Dennoch)의 사랑이다. 이 그럼에도 불구하고 안에 선택이 있다. 은혜는 정말로 선택이다. 은혜는 정말로 은혜라서 공짜다. 만일 은혜가 공짜가 아니라면, 피조물에 대한 하나님의 사랑이 어떻게 사랑이며, 그 은혜가 어떻게 신적이겠는가? 하지만 은혜는 은혜다. 호의와 총애다. 하나님은 호의와 총애 안에서 자기 피조물에 대해 '예'를 말씀하고 '아니요'를 말씀하지 않으신다. 그분은 그것을 자신으로부터 말씀하신다. 이런 '예'에 대한 권리와 주장을 피조물이 갖지 않게 하면서 그분이 그것을 말씀하신다. 그러므로 그분은 자유 안에서 그것을 말씀하신다. 하지만 그분은 자유 안에서 사랑하는 자로서 말씀하신다. 그분은 '아니요'가 아니라 '예'를 말씀하신다. 우리의 '아니요'를 초월하는 '그럼에도 불구하고'를 말씀하신다. 그 '예'를 선택하신다. 그리고 그것을 피조물

의 태도를 바라보면서 피할 수 없어 보이는 '아니요'를 말씀하지 않으신다. 그분은 은혜를 은혜로서 선택하시지, 심판으로서 선택하지 않으신다.[21]

바르트는 피조물에 대한 하나님의 은혜가 은혜 되려면, 반드시 '예'의 방향으로 선택되어야지 '아니요'의 방향으로 선택되어서는 안 된다는 전제에서 출발합니다. 그는 하나님이 벌을 주는 방향이 아니라 상을 주는 방향으로 선택하신다고 거듭 강조합니다.

그러므로 하나님은 형벌 대신 그분의 피조물에게 합당하지 않은 상을 선택하신다. 하나님은 그분의 비존재(Nicht-Sein)가 아니라, 그분의 불가능하게 된 존재를 선택하신다. 그렇게 선택하는 데 있어서 피조물이나 자기 자신에게 어떤 빚도 지지 않으신다.… 하나님이 절망하시지 않는 곳에서 피조물도 절망할 수 없다. 그리고 은혜, 은혜의 선택의 자유는 하나님이 그분의 피조물에 대해 절망하지 않으신다는 것을 의미한다.[22]

3) 예수 그리스도의 선택

바르트는 예수 그리스도의 선택에서 모든 구속 역사가 시

---

21 KD, II, 2 ∬ 32-33, Gottes Gnadenwahl 1, 29.
22 같은 책, 30.

작된다고 말하면서 부연 설명을 합니다.

> 은혜의 선택은 예수 그리스도 안에서 하나님의 모든 길과 행위의 영원한 시작이다. 이 영원한 시작 안에서 하나님은 값없이 베푸시는 은혜 가운데 자기 자신을 죄 있는 인간을 위해 예정하시고(bestimmt), 그리고 인간의 버림받음과 그 버림받음의 모든 결과를 자기 자신 위에 두게 하여 인간이 그분의 영원한 영광에 참여하도록 선택하신다.

그는 하나님이 모든 좋은 것들은 인간을 위해 정하시고 모든 좋지 않은 것들은 자기 자신 위에 두어 인간이 하나님의 영원한 영광에 참여하도록 정하셨다고 말합니다. 앞으로 계속 반복하겠지만, 바르트는 '특별한 인간'이 아니라 '모든 인간'에 대해 말하는 것입니다.

바르트는 인간을 영광스럽게 하는 이 일을 하나님이 예수 그리스도를 세우셔서—즉 그분을 '선택하시는 자와 선택받는 자'로 세우셔서—행하신다고 말합니다.

> 예수 그리스도는 하나님의 결정(Beschluß)이다. 예수 그리스도 뒤에(어떤 숨겨진 비밀스러운 결정 같은 것이 없다는 의미임), 그리고 예수 그리스도 위에는 그 결정 이전의 결정도 없고 그보다 더 높은 결정도 없으며, 예수 그리스도 옆에는 다른 어떤 결정도 없다.

다른 모든 결정들이 이 한 결정을 실행하도록 돕는 역할을 할 수 있는 한에서 말이다.[23]

바르트는 예수님이 바로 하나님의 값없는 선택이라고 말합니다. 예수 그리스도 뒤에, 예수 그리스도 위에, 예수 그리스도 옆에 어떤 다른 결정이 없다고 말합니다. 그는 예수 그리스도밖에는 하나님의 어떤 시작도 결정도 말씀도 없다고 말합니다. 값없는 은혜가 밖으로 향한 하나님의 모든 길과 행위의 유일한 근거이며 의미라고 말합니다. 그는 예수 그리스도가 하나님의 은혜의 선택 자체이며, 그로 인해 하나님의 말씀이고 결정이며 시작이라고 말합니다.[24]

이런 맥락에서 바르트는 예정에 관한 전통적인 가르침인 '절대적 작정'을 강하게 비판합니다.

어떤 절대적 작정을 통해 이런 구체적 작정이 은밀하게 혹은 공개적으로 과도하게 높아지거나 문제시될 수 있는가? 도대체 절대적 작정의 생각이 어디에 있는가?…[25]

바르트는 삼위(三位) 하나님의 각 위격이 각자에게 행

---

23 같은 책, 101.
24 같은 책, 102.
25 같은 책, 108.

하신 선택을 소개합니다. 처음에 아버지의 선택이 있었는데, 이는 그분이 창세전에 인간과 (은혜) 언약을 맺으셨다는 사실을—즉 인간을 위해 자기 아들을 내어 주어 그 아들로 하여금 인간이 되어 은혜의 언약을 실행하게 한다는 사실을—알려 주시기 위함이라고 말합니다. 또한 처음에 아들의 선택이 있었는데, 이는 아들이 스스로 은혜에 복종하여 자신을 내어 주고 인간이 되기 위해서였다고 말합니다. 또한 처음에 성령의 결정이 있었는데, 이는 하나님의 통일, 이 언약을 통한 아버지와 아들의 통일이 방해받거나 찢어지지 않고 도리어 더욱 빛나게 되어 하나님의 신성과 그분의 자유와 사랑의 신성이 바로 아버지의 이런 포기하심과 아들의 자신을 내어 주심 속에서 확인되고 유지되도록 하기 위함이라고 말합니다.

바르트는 삼위 하나님이 행하신 각각의 선택이 처음에 있었으며, 이런 선택의 주어와 대상으로 예수 그리스도가 처음부터 있었다고 말합니다. 그는 하나님은 어떤 시작도 갖지 않으셨지만, 예수 그리스도는 만물의 시작과 함께 있었다고 말합니다. 그리고 예수 그리스도는 그와 다른 모든 현실과 함께 하나님의 모든 행동의 시작부터 있었으며, 이런 현실과 관계하여 하나님의 선택이었다고 말합니다. 바르트는 이것을 다음과 같이 요약합니다.

> 예수 그리스도는 인간을 향한 하나님의 은혜의 선택이다. 그분은 인간과 맺은 하나님의 언약의 선택이다.[26]

삼위 하나님이 인간을 구원하겠다는 은혜의 언약을 이루시기 위해 각 위의 역할을 담당하셨다는 것입니다. 여기서 예수 그리스도의 선재(先在)에 대한 바르트의 입장은 분명하지 않습니다. 그는 예수 그리스도는 인간의 구원을 위해 태초에 나타나신 분이 아니라 영원부터 계신 분이라는 사실을 모호하게 처리합니다. 그리고 은혜 일방적 이중예정론을 주장하면서 칼뱅의 이중예정론을 강하게 비판합니다.

> 그러므로 예정 교리는 가장 간단하고 가장 포괄적인 형식 속에서 다음의 문장 안에 있다. 신적 예정은 예수 그리스도의 선택이다. 그러므로 선택의 개념은 이중적인 것에 대해 말한다. 선택하는 자와 선택받는 자에 관한 것이다. 그리고 예수 그리스도라는 이름 역시 그 안에 이중적인 것을 담고 있다. 그분이 참 하나님이시면서 참 인간이라는 이중적 사실 말이다. 따라서 예정 교리의 가장 간단한 형식은 우선 두 문장으로 쓸 수 있다. 예수 그리스도는 선택하시는 하나님이시다. 예수 그리스도는 선택받은 인간이다.[27]

---

26 같은 책, 109.
27 같은 책, 110.

이 문장들에 따르면, 하나님의 선택에는 예수 그리스도만 있을 뿐이지 인간의 선택은 없습니다. 즉 하나님은 어떤 사람은 그리스도 안에서 구원으로 예정하시고, 어떤 사람은 유기로 예정하신다는 선택이 없다는 것입니다. 바르트의 말을 좀 더 들어 봅시다.

> 예수 그리스도의 선택은 하나님의 영원한 선택이고 결단이다. 그리고 이제 우리의 첫 문장은 이렇게 말한다. 예수 그리스도는 선택하시는 하나님이시다.⋯절대적 작정(decretum absolutum)이라는 것은 전혀 없다. 예수 그리스도와 다른 하나님의 의지도 없다. 그러므로 예수 그리스도는 우리 예정의 현현(manifestatio)이자 거울(speculum)이시다.[28]

바르트는 예수 그리스도가 "우리 예정의 거울"이라는 칼뱅의 입장을 그대로 반영합니다. 하지만 그는 칼뱅이 주장한 이중예정은 하나님의 의지와 전혀 관계가 없다고 또다시 못을 박습니다.

바르트는 자신이 "예수 그리스도는 선택하는 자인 동시에 선택된 자"라고 말하는 근거를 에베소서 1장 4절에서 찾습니다.

---

[28] 같은 책, 123-124.

> 그러므로 예수 그리스도는 선택하는 자이실 뿐만 아니라 하나님의 선택된 자다. 그분은 선택된 자로서 처음부터(영원으로부터) 다른 선택된 자 곁에 서 있지 않으며, 도리어 근원적이고 본래적으로 그들 전에 그리고 그들 위에 선택된 자로 서 있다. 다른 선택된 자들은 처음부터(영원으로부터) 그 곁에 그리고 그 밖에가 아니라, 도리어 에베소서 1장 4절에 따르면 단지 그 '안에' 있다.

우리는 바르트가 에베소서 1장 4절 해석에서 큰 오류를 범하는 것을 볼 수 있습니다.

> 곧 창세전에 그리스도 안에서 우리를 택하사 우리로 사랑 안에서 그 앞에 거룩하고 흠이 없게 하시려고(엡 1:4).

이 말씀을 문법적으로 풀어 보면, 하나님이 그리스도 안에서, 즉 그리스도를 근거로 하여 우리를 선택하셨다는 말입니다. 이것은 그리스도를 먼저 선택하시고 그 안에서 우리를 선택하셨다는 뜻으로 해석될 수 없습니다. 그리스도는 우리를 구원하기 위해 우리보다 먼저 선택된 분이 아니라, 영원부터 하나님과 함께 계신 분입니다. 하나님은 그리스도를 보시고 그를 위해 우리 인간을 선택하신 것입니다. 그러므로 바르트는 성경 해석에서 심각한 오류를 범하고 있는 것입니다. 그는 그리스도인의 선택에 대해 다루는 본문을 그리스도의 선택에 연결시키는 오류를 범하고 있습니다. 이 구절은 하나님이 영원 전에 예수 그리스도 안에서 우리를 선택하셨다는 것을 말하는 본문이기 때문입니다.

"그 안에서"라는 구절에 대한 바르트의 해석 역시 문제가 있습니다. 그의 해석을 들어 봅시다.

> 그 '안에'는 그를 통해 그가 선택받은 자로서, 그들을 위해 존재하고 할 수 있는 것에 의해서를 의미할 뿐만 아니라, '그 안에서'는 다음의 의미도 가지고 있다: 그의 인격 안에서, 그의 의지 안에서, 그의 신적 선택 안에서, 하나님의 근본 결정 안에서…. 이것이 그를 다른 선택받는 자들의 줄에서 끄집어낸다. 그리고 바로 이것이, 바로 이것에서 비로소 그를 그들과 다시 결합시킨다. 그는 선택된 인간으로서 그 자신의 인간성 속에서 그들 모두를 선택하시는 하나님 자신이시라는 사실. 그는 (하나님으로서) 자기 자신을 (인간으로서) 원하면서, 역시 그들도 원하신다. 이렇게 그들은 그 안에서(in him) 선택된다. 그의 선택됨 속에서 그의 선택됨과 함께 말이다. 이렇게 그의 선택됨은 그들의 선택됨과 구분된다. 모범적으로서(exemplarisch)뿐만 아니라, 원형적으로서(urbildlich)뿐만 아니라, 그들의 계시의 계시와 거울로서뿐만 아니라.[29]

---

29 같은 책, 125.

하나님이 예수 그리스도를 그들보다 앞서서 모범적으로나 원형적으로 선택하셨다는 말씀이 에베소서 1장 4절에 나오는지에 대한 의문이 생깁니다. 바르트가 자신이 정해 놓은 입장을 펼치기 위해 의도적으로 이 구절을 자의적으로 해석하는 것은 아닌지 묻게 됩니다.

4) 바르트의 독특한 이중예정론

바르트는 "예수 그리스도의 선택 안에서 하나님의 영원한 의지"(Der ewige Wille Gottes in der Erwählung Jesu Christi)라는 글에서 이중예정을 주장합니다. 그가 이중예정을 주장한다는 사실이 정말 놀랍지 않습니까? 지금까지 칼뱅의 이중예정론을 거듭거듭 비판했던 바르트가 여기서 이중예정을 주장하다니 엄청난 모순처럼 보입니다. 하지만 그는 칼뱅과는 전혀 다른 의미에서 이중예정을 주장합니다. 지금까지 자신이 한 주장을 뒤엎는 내용도 아닙니다. 그는 이렇게 말합니다.

> 만일 우리가 예정론에서 항상 이중의—즉 선택과 유기, 축복과 정죄, 삶과 죽음의—예정을 말했다는 것이 옳다면, 우리는 이제 이렇게 말할 수 있을 것이다. 영원한 하나님의 의지이신 예수 그리스도의 선택에 있어서, 하나님은 인간에게 첫 번째 선택인 축복과 삶을 주시고, 자신에게는 두 번째 선택인 유기, 즉 정죄와 죽

음을 주기로 생각하셨다.³⁰

이 말을 풀어서 설명하면, 하나님은 축복과 삶 등 좋은 것은 인간에게 주기로 예정하시고, 정죄와 죽음 등은 자기 아들이 짊어지도록 예정하셨다는 것입니다. 우리 인간의 편에서 생각하면, 하나님은 인간에게는 결코 유기를 주지 않기로 정하셨다는 것입니다. 유기는 자신에게 주기로 정하셨으므로 인간에게는 축복만 주어집니다. 이것은 칼뱅의 이중예정론과는 전혀 다릅니다. 칼뱅은 하나님이 만세 전에 예수 그리스도 안에서 어떤 사람들은 축복으로 예정하시고 어떤 사람들은 유기로 예정하셨다고 말합니다. 바르트의 이중예정론을 계속 들어 봅시다.

신적 예정의 부정적인 면이, 바로 유혹성과 죄와 인간의 필연적인 형벌과의 논쟁이 하나님 자신이 짊어지는 내용의 부분이 되면서, 이 부분은 인간의 부분이 아님을 말하고 있다. 그러므로 예정 안에서 '아니요'로 말해지는 한에서, 예정은 결코 어떤 인간에게도 '아니요'로 해당되지 않는다. 예정이 배제와 버림인 한에서 예정은 인간의 배제와 버림이 아니다.³¹

---

30 같은 책, 177.
31 같은 책, 181.

이 말의 뜻은 이렇습니다. 하나님이 예정하실 때 이중 예정을, 즉 선택뿐만 아니라 유기도 생각하셨다는 것입니다. 하지만 유기는 인간에게 해당되지 않도록 예정하셨다는 것입니다.

바르트는 칼뱅의 예정론의 문제점을 좀 더 부각시키고자 하나님은 인간에게 결코 복수를 하시지 않는다고 말합니다.

> 이것은 다음을 의미한다. 즉 하나님은 그분의 존엄을 모욕하고 방해하는 것을, 그분의 작품을 이런 식으로 황폐화하는 것을, 이런 것들을 행하는 범법자들에게 복수하는 방법으로 좋게 만들고 싶지 않으셨다. 도리어 그분은 그것들의 필연적인 복수를, 그것들의 필연적인 재앙의 결과를 스스로 짊어지는 것으로, 자기 자신을 필연적으로 버림받고 필연적으로 정죄와 죽음으로 떨어질 인간을 위한 수단으로 세우셨다. 자신의 마음이 자신의 진노를 통해 상처받게 하시고, 그분이 인간을 공격해야 한다면, 이런 인간을 단지 멸절시키고 해체시킬 수 있는 그런 진노일 뿐이다.[32]

이 말은 하나님이 인간에게 내릴 진노를 결코 인간에게 내리지 않고 도리어 자기 자신에게 내린다는 것입니다.

---

32 같은 책, 182.

바르트는 예정의 주체에서 인간은 전적으로 배제된다고 말합니다. 그는 하나님의 예정에 대한 신앙은 "자신에 대한 (an sich), 자신을 통한(per se) 신앙"이고, "인간을 버리지 않음에 대한 신앙"이며, "그의 버림에 대한 신앙이 아니다"라고 강변합니다.[33] 우리는 여기서 예정론과 관련하여 늘 따라다니는 질문인 "하나님은 악도 예정하셨는가?"에 대한 바르트의 대답을 들을 수 있습니다.

5) 왜 하나님은 인간이 유혹을 받고 죄에 빠지는 것을 허용하시는가?

바르트는 "하나님은 예수 그리스도의 선택에서 무엇을 원하셨는가?"라고 묻습니다. 그는 하나님은 자신을 위해 인간과의 교통을 말했을 뿐만 아니라, 인간을 위해서도 그분 자신과의 교통을 말했다고 대답합니다. 또한 하나님은 그분의 희생의 결정 안에서 유기를 위해 자신이 희생하겠다고 결정하셨으며, 인간을 놀랍게 높이고 인간에게 은사를 주기로 결정하셨다고 말합니다. 그는 하나님이 이렇게 하겠다고 인간과 언약을 맺으셨는데, 이는 인간과 맺은 이 언약 안에서 실존을 영위하기 위함이고, 인간의 이익과 인간이 이런 언약의 삶의 교제 안에서 구원과 영광을 누리도록 하기 위해서라고 말합니다. 바르트는 "하지만 하나님은 인

---

[33] 같은 책, 182-183.

간이 유혹을 받고 죄에 빠지는 것을 허용하신다"라고 말하면서 그 이유를 설명합니다. 하나님은 인간을 선택하셨으면서도 왜 인간이 악의 유혹을 받고 죄에 빠지게 두시는 것일까요? 이것도 만세 전에 하나님이 그렇게 정하신 것일까요?

> 이러한 의미에서, 허용된 악이 없는 세계와 인간은, 세계가 아니고 인간이 아닐 것이다. 그분이 이런 허용과 관계됨 없이 존재하시는 것은, 그 시작에 있어서 하나님이 아닐 것이다. 이 둘은 하나의 완전히 상이한 높이에서, 그리고 완전히 상이한 의미에서 하나님의 하나의 의지라는 것이 분명하다.[34]

바르트는 하나님 안에 두 의지가 존재한다고 말합니다. 하나님은 본래 악을 원하지 않으시며, 인간을 세상에 두기를 원하지 않으십니다. 하지만 하나님은 악을 허용하시고, 악의 세상에 인간을 두기 원하십니다. 우리는 첫 번째 의지를 그분의 적극적 의지라고 부르고, 두 번째 의지를 그분의 소극적 의지라고 부를 수 있습니다.

하나님이 적극적으로 원하고 선택하시는 것은, 그분의 영광이, 즉 인간의 축복과 영생이 완전히 넘치게 하는 것입니다. 하지만 하나님은 인간이 시험을 받고 타락하는 것

---

[34] 같은 책, 184.

을 허용하시며 그것을 원하십니다. 물론 하나님은 악을 허용하시며 그 악과 함께 인간이 멸망하기를 결코 원하지 않으십니다. 오직 인간이 축복을 받는 것 외에 다른 것을 원하지 않으십니다. 그러므로 하나님이 인간에게 악을 허용하신다고 해서 악의 원인이라고 말하면 안 됩니다. 그것은 인간을 죽이기 위해서가 아니라 살리기 위해서이기 때문입니다. 바르트는 "하나님이 악을 원하신다는 것은 자신의 그리고 독자적인 근거를 하나님 안에서 갖지 않으신다"고 분명히 못을 박습니다. 그것은 하나님 안에 있는 독자적인 빛과 같은 그런 빛이 아니며, 또한 여기에서 비쳤거나 단번에 점화되는 그런 빛이 아니라고 말합니다. 그는 자신의 생각을 다음과 같이 피력합니다.

> 하나님이 악을 원하시는 것은 단지 그분이 그 영광의 한 빛을 자신을 위해 보존하기 때문이 아니라, 그 빛을 자신의 밖으로 비치게 하기를 원하시고, 인간을 그분의 증인으로 정하기를 원하시기 때문이다.[35]

이 말의 뜻은 다음과 같습니다. 빛이신 하나님이 빛 가운데 살기를 원했던 인간을 잠시 어두움 가운데 두심으로

---

[35] 같은 책, 186.

써 인간으로 하여금 빛이신 하나님을 더 잘 알도록, 그리고 자신이 누리는 빛의 삶이 더욱 소중함을 알도록 하기 위해서라는 것입니다.

6) 전통적 이중예정론에 대한 비판

바르트는 전통적 이중예정론을 본격적으로 비판합니다.

> 하나님에 대해 말하는 자는, 하나님이 똑같은 방식으로, 대칭적으로(symmetrisch), 선과 악을, 삶과 죽음을, 그분 자신의 영광과 그것의 어두움을 인간의 목적을 위해 정하셨다고 말할 수 없다.

그는 인간은 두렵고 떨림으로 그런 심연에 대해 말할 수 있고, 말해야 하며, 말해야 할 것이라고 말합니다. 그리고 인간은 "악이 단지 그런 (소극적) 방식에서만 영원한 신적 결정의 토대 위에 있을 수 있다고 간주해야 한다"라고 말합니다. 즉 하나님이 결코 인간에게 악이 영향을 끼치지 못하도록 하셨다는 것입니다. 하지만 바르트는 인간이 이런 결정의 이중성을 하나님의 이중성(Zweiheit)으로 만들어서는 안 된다고 말합니다. 그는 종래의 예정론이 하나님에 대해 올바로 말하지 못했다고 지적하며 비판합니다.

> 그리고 역시 하나님에 대해서는 실제로 모든 정황 아래에서 단

지 선한 은사만 기대할 수 있는 창조주, 화해자, 구속자로만 말할 수 있다. 종래의 예정론을 정말 괴롭힌 것은, 하나님이 오른편으로는 축복을, 왼편으로는 저주를 결정한다는 것을 똑같은 할당(Ebenmäßigkeit)과 똑같은 무게로 말해야 한다는 것이었다.[36]

바르트는 전통적인 예정론이 가진 이런 점을 온 힘을 다해 반박해야 한다고 말합니다. 그는 오직 축복을 위한 예정만 있지 다른 예정은 없다고 강변합니다.

우리는 예수 그리스도 안에서, 넘치는 영광의 적극적인 의지 안에서, 정말로 모든 것이 물러나고 도망가면서 극복된 것으로만 그리고 폐지된 것으로만 볼 수 있고 인식할 수 있다.[37]

바르트는, 예수 안에 있는 그것이 태초에 하나님과 함께 있기 때문에, 태초에 인간을 위한 하나님의 결정 속에서 하나님의 본질과 일치하는 예정만 있고, 따라서 그분의 부요함의 축복과 생명의 예정만 있다고 말합니다. 이런 맥락에서 그는 자신의 주장과 다르게 말하는 다른 모든 예정 이해를 비판합니다.

---

36 같은 책, 187.
37 같은 책, 187 f.

다른 모든 예정은 단지 하나의 상상일 뿐이고 진짜가 아니며 죄와 오류에서 생겨난 것이다. 이런 예정은 하나님의 계시를 통해 반박되는 것으로써, 신적인 것이 아니고 하나님의 영원한 결정 안에서 수행된 예정이 될 수 없다.[38]

바르트는 하나님의 예정을 주장하되, 자신의 예정 이해가 칼뱅의 예정 이해와 전적으로 다르다는 사실을 분명히 합니다. 그러면 바르트가 말하는 이중예정은 무엇입니까? 하나님이 축복은 인간에게 가도록 예정하시고, 저주는 예수에게 가도록 예정하셨다는 것입니다. 저주는 인간과 전혀 관계가 없다는 것입니다. 하지만 칼뱅은 모든 인간이 축복을 받을 수는 없다고 말합니다. 하나님이 만세 전에 예수 안에서 일군의 무리는 축복으로 예정하셨지만 일군의 무리는 저주로 예정하셨다는 것입니다.

7) 예정론의 현실적 성격을 강조함

바르트는 예정론이 하나님의 과거 결정에 계속 매여 있지 않으며, 과거의 어느 시점에 하나님이 정해 놓으신 각본대로 인간의 운명이 결정되지 않는다고 말합니다. 예정은 과거적이 아니라 현실적이고, 정적이 아니라 동적이라고 말

---

[38] 같은 책, 189.

합니다. 그의 말을 들어 봅시다.

> 예정론의 현실적 성격의 근본적인 중요성은 아주 분명하다. 만일 이 성격이 하나님과 인간 사이의 변경되지 않는, 그리고 변경될 수 없는 역사이고 만남과 결단이라면, 아마도 시간 안에서 신적인 선택함이 있고 인간적인 선택됨이 있으며, 역시 신적인 버림과 인간적인 버림받음이 있을 것이다.

그는 영원 전의 결정은 시간 안에서 분명히 드러나게 된다고 말합니다. 바르트는 인간이 하나님을 선택한다면 그는 예정된 사람이지만, 만일 하나님을 거부한다면 버림받은 사람이라고 말합니다. 또한 하나님은 모든 사람이 구원받도록 정해 놓으셨지만 시간 안에서 그분의 선택을 받아들이지 않으면 버림받고, 그분의 선택을 받아들이면 구원을 받는다고 말합니다. 이것은 인간의 결정을 통해 선택과 유기가 일어나게 된다는 뜻입니다. 결국 바르트는 구원이 은혜만이 아닌 자유의지에 따른 선택으로 결정된다고 주장하는 세미펠라기안주의(semi-pelagianism)적 입장을 취하고 있는 것입니다.[39]

우리는 바르트의 예정론에서 또 다른 독특한 부분을 발

---

39 Albrecht Beutel, *Gerhard Ebeling: Eine Biographie*, Mohr Siebeck, Tübingen 2012, 505 ff.

견하게 됩니다. 그는 하나님의 예정이 바뀔 수도 있다고 말합니다. 하나님의 예정은 불변의 예정이 아니라 가변의 예정이라는 것입니다.

> 하지만 이 모든 것은 하나님이 그런 일을 통해 사로잡히고 묶여 있을 정도는 아니다. 또한 그분이 그 결정 자체를 통해, 혹은 그분의 길에서 첫 번째 단계를 통해 하나의 상응하는 두 번째 단계를, 그리고 두 번째 단계를 통해 세 번째 단계를 행하기 위해서 첫 번째 발걸음에 묶일 정도는 아니다.[40]

바르트는 자신의 주장을 합리화시키기 위해 자의적 추론을 만들고 있습니다. 오직 만세 전에 인간의 운명이 결정된다는 입장을 반박하기 위해 그는 성경을 떠나 자신의 생각을 동원합니다. 게다가 자신의 생각과 모순되는 발언을 합니다. 지금까지 그는 유기는 오직 예수님에게만 해당하고 인간에게는 결코 해당되지 않는다고 강변했습니다. 그런데 다음 말을 들어 보십시오.

> 하나도 버림이 없는 하나님의 선택은 없다. 그 주제는 성경에서도 우리에게 설명될 것이다. 또한 하나의 선택이 따를 수 없을

---

[40] Gottes Gnadenwahl, 205.

정도의 어떤 버림도 없다. 항상 그분은 자기 자신과 동일하시다. 앞에서 말한 선택과 버림의 질서가 있다. 하나님은 항상 살아 계신 분이다. 그리고 항상 그분의 삶을 통해 움직여 가시는 질서가 있다. 항상 이런 질서 안에서 전환과 변경이 가능하고, 실제적이 된다.[41]

바르트는 하나님의 처음 계획이 변경될 수 있다고 말하는 것입니다. 그는 하나님이 처음에는 모든 사람을 다 선택하실 계획이었지만 나중에 그중 일부는 유기하는 것으로 계획을 바꾸셨다고 말합니다. 하나님의 의지는 바르트에게 있어서 결코 불변의 의지가 아닙니다. 이 점이 불변의 의지를 주장하는 칼뱅의 이해와 다릅니다.

바르트는 전통적 예정론에 대해 말하는 로마서 9-11장을 직접 언급하며 자기주장의 정당성을 옹호합니다. 그는 예정론의 전통적 구절을 담고 있는 이 장들은 하나님의 계획이 변경될 수 없다고 말하는 것이 아니라 변경될 수 있다고 말하는 것이라고 해석합니다. "이것은 경직된 율법으로서 그것들의 이해와 일치될 수 없다. 단지 시간 안에서 하나님의 영원한 행동의 표시로서 그것들의 이해와 일치될 수 있다." 그는 예정론을 이렇게 현실적으로 이해해야

---

41 같은 책, 205.

하는 이유에 대해 설명합니다.

> 이런 예정에 대한 현실적인 이해는 전적으로 다음에 달려 있다. 예정은 예수 그리스도의 선택과 동일하다는 사실에 달려 있는 것이다. 우리가 그런 이유에서 시작하지 않는다면, 이 점에서도 주장과 주장이 맞서게 될 것이다. 만물의 시작자로서의 하나의 경직된 존재의 신성의 주장은 하나의 움직여진 역사의 신성의 주장과, 정적인 것과 동적인 것이, 최종적 근거에서는 아마도 정적인 삶의 고찰과 동적인 삶의 고찰에 대해 맞서게 될 것이다.[42]

바르트는 여기서 전통적인 불변적 예정과 자신의 가변적 예정론 중 어느 것이 옳은지 선택하라고 말합니다.

> 여기서 누가 옳은가? 둘 중 어느 것이 참으로 신적인가? 어디에서 결정되어야 할 것인가? 우리는 우리의 결정에 있어서 예정론의 현실적 이해에 손을 들어 주어야 한다. 그것이 다음의 근거를 가지고 있기 때문이다. 예수 그리스도의 인격과 사역 안에서 인식된 예정은 의심할 여지없이 하나님과 인간 사이의 사건이고 역사이며 만남이고 결정이다.[43]

---

42 같은 책, 205-206.
43 같은 책, 206.

바르트는 자신이 인간 예수 그리스도의 신적 결정의 비밀을 주장할 때, 활동주의자들과 행동주의자들에게 똑같이 맞서는 것이라고 말합니다. 이는 예수 그리스도를 영원히 살아 계신 하나님의 결정으로 이해하는 무활동주의자들과 정적주의자들에게 맞서는 것과 똑같다고 말합니다. 그는 절대적 작정(decretum absolutum)을 주장하는 사람들은 하나님의 예정을 시간적 삶의 생동력이 결여된 영원한 규칙으로 생각하는 잘못을 범하는 것이라고 말합니다. 그러면서 그는 예수 그리스도를 단지 시간적인 삶의 스스로 살아 계신 영원한 주로 생각할 수 있어야 한다고 주장합니다.

바르트는 하나님이 예수 그리스도 안에서 우리를 예정하셨다는 사실은, 이 세상의 역사 안에서 그리고 이 역사 안에서 일어나는 하나님의 구원 행위에서 나타난다고 말합니다. 아버지가 아들을 사랑하고 아들이 아버지에게 순종한다는 사실, 하나님이 그 사랑과 이런 복종 안에서 자신을 인간에게 내어 주시고, 그를 그분의 높이로 올리기 위해 인간의 비천함을 자신에게 지운다는 사실, 이런 사건에서 인간이 자유롭게 된다는 사실, 인간이 자신의 편에서 그를 선택했던 하나님을 선택하는 이런 성부와 성자의 행위 속에서 하나님의 예정 의지가 나타난다는 것입니다.

우리가 알 수 있는 예정, 즉 우리가 받아들일 수 있는 예정은 바로 이 역사 안에서 일어나는 예정 밖에 없다는 것입니다. 그리고 이 역사가 시간 이전의 영원의 내용이라면, 이러한 영원은 시간 앞에서 뒷걸음칠 수 없다고 말합니다. 그렇다면 영원 속에서 결정된 역사는 그 자체로 시간 앞에 있는 것처럼 시간 속에 있으며, 역사는 시간 속에서도 역사가 될 수 있다고 주장합니다. 바르트는 예수님이 누구시고 무엇인지는 단지 이야기될 수 있을 뿐이지, 결코 하나의 시스템으로 보여질 수 있거나 기술될 수 없다고 말합니다.[44]

바르트는 자신의 예정론을 역동적 예정론이라고 부르지만, 사실은 성경 말씀을 넘어서서 자신의 추론에 근거한 예정론에 불과합니다. 결국은 예정됨과 예정되지 않음이 인간의 결정에 달려 있다고 말하면서 하나님의 은혜가 은혜 되지 않게 만들고 있는 것입니다.

화해론

화해론(Versöhnungslehre)은 바르트 신학의 꽃이라고 할 수 있습니다. 화해론은 바르트 신학의 기초이며, 그의 신학을 움직이는 축입니다. 그가 '복음의 총화'라고 부른 예정론조차도 화해론을 위한 예비 작업이라고 할 수 있습니다. 무엇보다 바르트의 화해론은 그가 초기에 추종했던 칼뱅의 신학

---

44 같은 책, 206.

을 정면으로 반박하며 비판하고 있습니다. 그래서 개혁주의 진영에서 바르트를 도저히 받아들이지 못하게 된 것입니다.

1) 18세기와 19세기 화해론의 문제점

바르트는 18세기와 19세기의 신학을 "경건한 인간의 내재적 신학의 비참함"이라고 규정하면서 이 신학에서 벗어나야 한다고 역설합니다.

> 화해 사건의 주체로서의 인간? 아래로부터 위로의, 인간으로부터 하나님으로의 생각? 인간을 하나님으로의 높임, 인간과 더불어 하나님과의 친교뿐만 아니라 하나님과 더불어 인간의 친교, 바로 이것들은 어떤 종류의 강조점인가? 이것들은 어떤 교제를 출연시키는가? 어떤 역사적 상징들, 그리고 그 상징들과 더불어 어떤 잘 알려지고 많이 언급된 '모험들'이 우리 앞에서 일어나고 잘 알려진 길로 들어서는 것에 대해 들어가지 말라고 서둘러 경고하는 것처럼 보인다. 이것은 신학적 인문주의, 도덕주의, 심리주의, 신인협동설 그리고 궁극적으로는 인간 중심적 일원론의 길로서 지난 30년간에 걸쳐 개신교 신학이 모든 무미건조함을 보고 피하기 위해 또다시 배우기를 거의 시작하지 않았던 길이 아닌가?[45]

---

45 KD IV, 2 § 64 Jesus Christus der Knecht als Herr I, 6.

그는 한때 자신이 몸담았던 자유주의 신학이 화해론을 인간 중심으로 이해했다고 비판합니다. 특히 칭의보다 화해를 중요시한 리츨의 신학을 비판합니다. 바르트는 리츨이 칭의보다 화해를 더 강조한 것에는 동의합니다. 하지만 리츨이 화해를 위로부터, 즉 예수 그리스도로부터 이해하지 않고 인간으로부터 이해하고 있다는 점을 간접적으로 비판합니다.

2) 예수님의 인성에 대한 이해

바르트는 예수님이 인성을 가졌다는 점에서는 우리와 같지만 또한 우리와 다른 분이라고 말합니다. 그는 예수님이 우리와 같은 인성을 가졌다는 점을 강조하지만, 예수님은 이 땅에서 화해의 역사를 이루기 위해 인간의 몸을 입고 오셔서 고난당했다는 점에서―다른 점이 아니라―우리와 다른 인간이라고 말합니다.

> 예수는 다음과 같은 사실에서 결정적으로 우리와 다르다. 즉 예수의 인간 존재 속에서, 또 예수가 인간이 되었고 현재 인간이며, 인간으로서 고통받고 행동하는 그 역사 속에서, 그의 것과 우리의 것이 유사한 바로 그 인성이 고양되었다는 것이다.

바르트는 예수님이 우리와 다른 이유가 그분의 선재(先

在)에 있는 것이 아니라, 그분이 인성을 취하시고 역사 안으로 들어와서 화해의 길을 열어 주셨기 때문이라고 말합니다. 그는 예수님은 우리와 인성이 똑같지만 역사 안으로 들어와 인간과 함께 살면서 인간과 하나님의 화해를 위해 고난당했기 때문에 그 인성이 고양되었다고 봅니다. 예수님을 본받아 행함으로 인해 신의 아들로 승귀되었다고 주장하는 슐라이어마허의 주장과 다른 점이 무엇인지 묻지 않을 수 없는 대목입니다.

바르트는 이 '고양'(高揚)이라는 단어로 인해 오해받을 여지가 있다고 판단했는지, 자신이 무슨 의도로 이 단어를 사용했는지를 설명합니다. 그는 '고양'이라는 단어가 신약의 예수님에게 적용될 때는, 예수님의 인성을 파괴하거나 변경시키는 것을 의미하지 않고, 인성의 실체를 비우면서 예수님이 우리와 닮았다는 것을 폐지하지 않으며, 예수님과 우리에게 공통적으로 있는 인성 안에서 가능한 변화나 향상의 하나만을 의미하는 것도 아니라고 말합니다. 오히려 '고양'이라는 단어는 예수님과 우리에게 공통적으로 있는 인성을 더 높은 수준으로 올려놓는 역사를 의미하며, 그 역사 위에서 그것은 심지어 우리와 완전히 유사할 때조차도, 우리의 인성과 완전히 다르게 되었고 또한 완전히 다르다고 말합니다. 그가 여기서 말하는 역사는 화해의 역사이며, 예수님은 하나님과 인간의 화해의 역사를 위해 헌신했다는 점에서 우리의 인성과 구별된다는 것입니다.

바르트는 예수님의 인성과 우리의 인성은 화해의 역사를 위해 헌신할 때는 같은 인성이지만, 예수님의 인성은 "정도의 원칙에서, 양과 질에서 우리의 인성과 구별된다"고 봅니다. 그는 예수님은 이런 차별성을 유지하면서 우리와 직면하고 있다고 말합니다. 왜냐하면 그분은 하나님의 아들이시면서 우리가 인간인 것처럼 그분도 인간이기 때문이라고 말합니다. 그는 인간이 된 이 신적 주체로서—자신을 인간으로까지 낮추면서—예수님은 그 밖의 다른 사람의 역사가 될 수 없는 역사 속에 존재한다고 말합니다.[46]

그는 예수님의 인성의 비밀에 대해 계속해서 말합니다.

> 자신을 인간으로까지 낮추신 하나님의 아들이 신으로 숭배받지 않고 하나님 편에서 높여진 인자가 아니라면 그 무엇이 될 수 있겠는가? 종이 되신 주님이 바로 주님이 되신 종이 되지 않는다면 그 무엇이 될 수 있겠는가? 이것이 바로 예수 그리스도의 인성의 비밀이며, 우리의 인성 속에서는 결코 그 대응물을 찾아볼 수 없다.

바르트는 "이것은 이 측면에서 예수 안에서 이루어진

---

46 같은 책, 29.

속죄의 기초요 능력"이라고 말합니다. 그는 예수님의 대속의 피가 속죄의 기초와 능력이 아니라, 예수님의 화해 행동이 속죄의 기초와 능력인 것처럼 말합니다. 그의 말을 계속 들어 봅시다.

> 그것은 아래로부터 즉 인간으로부터 보여진 것이기 때문에, 이 장에서 우리를 점령할 모든 것은, 종이 주님으로 높여지는 것, 나사렛 예수가 성부 하나님 편에서 높여지는 것에 뿌리를 두고 있다. 그리고 이 높임은 예수가 자신을 낮추신 하나님의 아들, 종이 되신 주님이라는 사실에 기초를 두고 있다.[47]

바르트는 하나님의 아들이신 예수님이 종이 되기까지 자신을 낮추신 사건, 즉 성육신 사건으로 인해 예수님이 하나님의 아들로 높여졌다고 주장하는 것입니다. 하지만 정통 신학은 예수님은 본래 하나님의 아들, 선재하신 하나님의 아들이라고 가르칩니다. 예수님은 하나님의 아들로서 인간과 하나님을 화해시키기 위해 사람의 모습을 입고 이 땅에 오신 것입니다.

우리는 바르트가 예수님의 인성을 매우 강조한다는 인상을 받습니다. 하지만 바르트는 칼케돈 공의회의 결정인

---

47 같은 책, 29-30.

"예수님은 참 하나님이요 참 인간"이라는 양성론의 진리를 말하는 데 관심이 있지 않습니다. 그가 강조하는 것은, 예수님이 인간이 되실 정도로 겸손하셨기 때문에 하나님으로 높여졌다는 것입니다. 주님으로서 종이 되셨기 때문에 종으로서 하나님으로 높여졌다는 것입니다.

3) 심판과 용서에 대한 이해

바르트는 그의 화해론을 본격적으로 펼치면서 칼뱅을 비판합니다.

그는 하나님은 철저히 인간의 편이라서, 인간의 적인 사탄에게서 인간을 보호하신다고 말합니다. 또한 사탄은 무(無)에 불과한 존재라고 표현합니다.[48] 바르트는 하나님은 결코 인간을 심판하시지 않는다는 자신의 주장을 계속 강조합니다.

루터와 비교해 보면, 그의 생각이 더욱 분명하게 드러납니다. 루터는 하나님을, 인간을 심판하시는 분으로 소개합니다. 그는 하나님이 율법을 통해 먼저 인간의 죄를 드러내시고, 복음을 통해 인간을 구원하신다고 말합니다. 하지만 바르트에게는 율법은 없고 복음만 있습니다. 심판은 없고 사랑만 있습니다. 다음 말을 잘 들어 보십시오.

---

48 Der königliche Mensch, 249.

하나님은 인간을 올무에 걸리게 하지 않으시고 패배하게 하지 않으시며, 세상 속에 거하는 인간 존재이기에 어쩔 수 없이 겪어야 하는 곤궁이나 수치를 허락하지 않으시면서 그와는 정반대로 인간을 고치려고 하신다.⁴⁹

바르트의 이 주장은 루터의 주장과 정면으로 배치됩니다. 만일 루터라면 이렇게 말했을 것입니다. "하나님은 인간을 올무에 걸리게 하시고 패배하게 하시며, 세상 속에 거하는 인간 존재이기에 어쩔 수 없이 겪어야 하는 곤궁이나 수치를 허락하시면서 인간을 고치려고 하신다." 루터는 '십자가 신학'(theologia crucis)의 관점에서 하나님이 고난을 통해 신자를 영광으로 이끄신다고 말하기 때문입니다.⁵⁰ 하지만 바르트는 하나님이 인간에게 고난을 허락하지 않으시며 인간을 구원하신다고 말합니다. 바르트는 진노와 심판의 하나님을 없애 버리는 엄청난 실수를 저지르고 있습니다.

바르트는 하나님이 자연적인 인간의 현존재에 대해 "아니다"(Nein)라고 말씀하시는 것이 아니라 "그렇다"(Ja)라고 말씀하신다고 말합니다. 루터라면, 하나님이 먼저 '아니다'라고 말씀하시면서 그다음에 '그렇다'라고 말씀하신

---

49 같은 책, 249-250.
50 김용주, 『루터, 혼돈의 숲에서 길을 찾다』, 익투스, 2012.

다고 말했을 것입니다. 하지만 바르트는 하나님이 '아니다'라고 말씀하시지 않고 '그렇다'라고 말씀하신다고 말합니다. 그는 하나님이 '아니다'라고 말씀하시는 경우는 인간의 시련이나 좌절에만 국한된다고 말합니다.

> 하나님은 인간의 시련이나 좌절에 대해 긍정하시는 것이 아니라 '아니다'(Nein)라고 부정하신다.…인간의 마음이 알게 모르게 고통으로 가득 차 있듯이, 그 이전에 하나님의 마음도 고통으로 가득 차 계신다. 인간에게 가해진 치욕은 인간이 입기에 앞서 '하나님에게'(seinem), 그리고 하나님 자신의 명예에 손상을 입히는 모멸이다.[51]

바르트의 하나님은 인간에게 한없는 사랑을 가지고 계신 분입니다. 그는 하나님이 인간의 원수인 사탄을 그분의 원수로 삼으신다고 말합니다. 또한 인간의 원수는 인간을 숨 쉬지 못하게 하여 살지 못하게 하고, 인간을 두려움으로 몰아넣고 고통을 더하지만, 그런 인간의 원수는 먼저 하나님의 원수라고 말합니다. 그는 하나님은 인간의 편(Partei)으로서 인간을 파멸시키려는 무(無)에 대해서, 자신의 창조를 습격하고 자신의 피조물에게 원수가 승리하는 것에 대

---

[51] Der königliche Mensch, 250.

해서 항론하시는 분이라고 말합니다. 그는 마치 사탄이 하나님과 동등한 권세를 가진 세력인 것처럼 말합니다. 사탄은 피조물이지 조물주가 아닌데도 말입니다.

그는 하나님은 죄에 대해 이의를 제기하고 맞서시는데, 이는 죄 즉 무(無)가 그분의 창조 안으로 침입하도록 문을 열어 주었기 때문이며, 또한 하나님의 피조물이 죄 안에서 자기 자신을 무에게 넘겨주어 스스로 무가 되고 혼돈이 되었기 때문이라고 말합니다. 그는 죄를 마치 하나님이 대항하여 싸워야 할 세력으로 높이고 있습니다.

바르트는 이 같은 맥락에서 하나님의 나라가 어떻게 도래하는지에 대해 말합니다.

> 하나님이 죄에 대해 진노하실 때, 본래적으로 '인간'에게 원수가 되는 동시에 본래적으로 하나님께 원수가 되는 상대에게 진노를 발하신다. 그렇게 되어 이제 하나님의 나라가 도래하는 것이다. 이때 지상에 하나님의 능력이 펼쳐진다. 그리고 하나님의 나라가 도래하고 하나님의 능력이 펼쳐지는 그 중심에는, 닥쳐올 일에 대해 말씀하고 행동하시면서 인간의 편에 서서 모든 인간의 모습을 망가뜨리려는 저 파괴의 힘에 대항하여 자신의 계획을 실행하시려는 하나님의 의와 그 저항의 힘이 나타나고 계시되기에 이르렀다. 그러므로 인자의 행위는 하나님의 말씀이 실현되고 해석된 것이다. 이런 의미에서 예수의 행위는 결정적인 의미

를 갖는다. 그의 행위는 속죄의 행위이고 회복이며, 본래대로 되돌리는 것이자 새로운 창조다.[52]

바르트는 예수님의 행위가 속죄의 행위이고 회복의 행위이며, 본래대로 되돌리는 것이자 새로운 창조의 행위라고 말합니다. 하지만 인간의 죄에 대한 심판 없이, 예수님의 십자가와 그분이 흘리신 대속의 피 없이 이런 일이 가능합니까? 바르트는 정통 신학의 대속론으로 속죄의 문제를 풀려고 하지 않습니다. 그러므로 신학자들이 바르트의 이런 입장은 오리게네스의 '만유복귀론'이나 헤겔의 절대정신의 궁극적 승리에서 기원한 것이 아니냐고 비판하는 것입니다.

4) 십자가에 대한 이해

바르트에게 십자가는 어떤 의미일까요? 이미 하늘에서 이루어진 화해에 대한 증표로 주어진 상징일까요? 바르트는 십자가는 부정적인 면과 함께 긍정적인 면을 가지고 있다고 말합니다.

신약성서에 의하면, 예수는 이 세상에서 그의 생의 끝과 피안의

---

52 같은 책, 250.

경계(내부 안에서의) 가운데서 그의 모든 존재를 포함시켜 볼 때, 십자가에 달린 자(Der Gekreuzigte)였다. 그를 믿는 신앙이란 십자가에 달린 자를 믿는 신앙이고, 그를 사랑하는 신앙이란 십자가에 달린 자를 사랑하는 신앙이며, 그를 희망하는 소망이란 십자가에 달린 자를 희망하는 소망이다.

바르트는 예수 공동체가 가진 믿음, 사랑, 소망을 모두 포함하는 긍정적인 교회란 결국 이런 최종적인 예수의 부정적인 면과 관련되어 있다고 말합니다. 그는 십자가와 같은 이런 최종적인 예수의 부정적인 면은 그 공동체의 믿음과 사랑과 소망의 긍정성을 드러내는 근거가 되었다고 말합니다. 또한 그들에게 부활절의 큰 빛은 어둠을 뚫고 들어오는 성금요일의 빛이었다고 말합니다.[53] 그는 십자가야말로 진정한 빛이고 힘이며, 영광이고 약속이며, 채움이라고 말합니다. 또한 십자가는 미래의 해방을 약속하는 희망이며, 이미 현재적인 해방의 사건이라고 말합니다. 십자가는 죄에 대한 용서이며, 지금 여기에서 이루어진 영원한 삶이기 때문이라고 말합니다.

바르트는 예수의 사람이고자 하는 이들은 십자가의 표적과 십자가의 지시 아래 서 있어야 한다고 말합니다. 또

---

[53] 같은 책, 277.

한 예수님의 죽음이 담긴 기쁜 소식이라는 전혀 새로운 것이 자신의 눈앞에 서 있지 않고서야, 그리고 그것이 자신의 마음속에 살아 있지 않고서야 어찌 예수의 사람이 될 수 있겠느냐고 말합니다. 그는 예수님의 수난 속의 해야 됨(Müssen)은 예수의 사람이고자 하는 이들의 몫이라고 말합니다. 예수의 사람으로 살고자 하는 것의 시작은 그 이상도 그 이하도 아니며, 그것이야말로 예수의 사람이 되고자 하는 이의 삶을 각인시키고 특징짓는 것이라고 말합니다. 그는 이들은 예수님이 존재했던 그 모습대로 예수님의 실존을 담고 있는 복음을 받아들이고, 그것을 믿어야 하며, 예수님을 믿어야 할 것이라고 말합니다.[54]

바르트는 십자가에 달리신 예수님은 그 백성들이 바라보아야 할 분이고, 예수님의 삶은 그 제자들이 본받아야 할 삶이라고 말합니다. 그러므로 바르트가 십자가 없는 구속을 이야기했다는 지적은 잘못된 것처럼 보입니다. 하지만 십자가에 대한 바르트의 해석을 살펴보면, 과연 그에게 대속적 십자가의 개념이 있는가 하는 의구심이 생깁니다. 그는 예수님을 우리가 본받아야 할 본(exemplum)으로만 여깁니다. 하지만 택함받은 성도들의 죄 짐을 대신 짊어지고 고난당하신 예수님의 십자가(sacramentum) 없이 우리가 죄를

---

[54] 같은 책, 291-292.

용서받고 하나님과의 참된 화해 안으로 들어갈 수 있을까요? 바르트의 신학을 헤겔 철학과 비교하는 학자들이 계속 나오는 이유가 바로 여기에 있습니다.

5) 죄를 인식하는 방법에 대한 이해

❶ 그는 참된(Echt) 죄 인식이 어떻게 가능한지를 묻습니다.

바르트가 '에히트'(Echt)라고 쓴 독일어 형용사는 '참된, 진짜의, 진정한'으로 번역할 수 있습니다. 그가 이 단어를 사용한 이유는 '거짓된, 가짜의, 그릇된' 죄 인식이 있을 수 있다고 생각했기 때문일 것입니다. 그는 이렇게 말합니다. "참된 죄 인식은 하나님 인식, 계시 인식, 신앙 인식의 요소(Element)로 가능하고 현실화된다." 즉 참된 죄 인식이라는 요소가 있어야만 하나님 인식, 계시 인식, 신앙 인식이 가능하다는 것입니다.

하지만 그는 참된 죄 인식은 인간이 스스로 하는 이런 저런 일반적이고 특별한 비난을 확인한다고 해서 되는 것이 아니며, 하나님의 이름으로 인간을 고소하고 정죄하는 성경 구절을 시인하고 받아들인다고 해서 되는 것도 아니고, 성경 메시지의 본질과 중심으로부터 생겨나는 인간의 상황에 대한 통찰로부터 된다고 말합니다. 즉, 그의 '화해 교리'로 인간의 상황을 통찰할 때 비로소 참된 죄 인식이 가능하고 현실화된다고 말하는 것입니다. 그는 이런 참된 죄 인식은, 우리에게 예수 그리스도의 실존을 통해, 예수 그리스도의 부활 속에서 부활과 함께, 성령의 증거와 사역 속에서 사역과 함께, 주어져 있는 지시로부터 가능하고 현실화된다고 덧붙입니다.[55]

하지만 죄 인식에 대한 바르트의 생각은 전통적인 신학의 가르침과는 다릅니다. 루터나 칼뱅에 따르면, 인간에게 자신의 죄를 인식하게 하는 수단은 성경 말씀입니다. 특히 십계명은 죄 인식의 거울입니다. 하지만 바르트는 율법을 통한 죄 인식이 아니라, 화해에 대한 이해를 거울로 삼아 죄를 인식해야 한다고 말합니다. 그에게 율법은 복음의 형식에 불과하기 때문입니다. 그러나 바르트의 이런 생각은 성경적이지 않고, 율법의 죄 인식 기능을 없애는 결과를 가져옵니다. 그리고 온전한 죄 인식은 하나님 인식, 계시 인식, 신앙 인식이 이루어질 때에야 비로소 가능하다면, 이런 질문이 생깁니다. "누가 죄를 제대로 인식할 수 있고, 누가 하나님과 계시와 신앙을 인식할 수 있겠는가?"

❷ 그는 복음이 유일한 율법이므로 인간은 복음을 통해서만 죄를 인식한다고 말합니다.

우리는 바르트의 신학이 루터나 칼뱅과 같은 종교개혁자

---

55 KD IV, 2 § 65 Des Menschen Trägheit und Elend, I. Der Mensch der Sünde im Licht der Herrschaft des Menschensohnes, 426.

들의 신학과 얼마나 다른지를 '율법과 복음에 대한 이해'에서 가장 분명하게 볼 수 있습니다. 그는 하나님의 아들이 육신이 되신 곳에서 인간이 육신이라는 것이 사실로 드러난다고 말합니다. 또한 하나님의 말씀이 육신이 되었고 육신인 곳에서 인간이 육신이라는 사실이 드러나고, 그에게 하나님의 은혜가 임하는 곳에서 그의 죄가 분명해지고 그가 죄에 속한 인간이라는 사실이 드러난다고 말합니다.[56]

그는 하나님의 구원이 성취되는 그곳에서, 인간의 비구원(Unheil)이 간과되고 그 시비를 멈출 수 있다고 말합니다. 그는 이 복음은 하나님이 값없이 주시는 계시로 모든 인간에게 주어지는데, 이 '복음', 즉 '율법'과 다름없는 이 복음만이 인간으로 하여금 자신을 올바로 인식하게 한다고 봅니다. 즉 인간은 이 복음의 인식을 통해서 자신이 정죄를 받고, 심판을 받고, 정죄된 자로서 자신을 발견하게 된다고 말합니다.

바르트는 결국 복음 안에 율법을 흡수시켜 버립니다. 율법의 위치를 복음의 형식 정도로 격하합니다. 결국 구약은 신약의 형식이 되어 버리고, 진노의 하나님은 사랑의 하나님의 형식으로 전락하게 됩니다. 그러면 율법은 사라지고 복음만 남게 됩니다. 그래서 바르트를 구약을 부정한 마

---

[56] Der Mensch der Sünde im Licht der Herrschaft des Menschensohnes, 426.

르키온과 같은 사람으로 보는 비판이 생긴 것입니다. 이렇게 이해하게 되면, 결국 예수님의 십자가도 부정하게 됩니다. 십자가 역시 부활의 형식으로 전락할 수 있기 때문입니다. 저는 이것이 바르트의 치명적인 실수라고 봅니다.

바르트는 자신이 말하는 복음에 대해 이렇게 설명합니다. "육신이 되신 말씀, 인간에게 일어난 하나님의 은혜, 그의 구원, 복음은 바로 예수 그리스도시다."[57] 그는 인간은 복음인 예수 그리스도라는 빛을 통해 자신의 죄를 인식할 수 있다고 말하는 것입니다. 그는 예수 그리스도는 하나님의 아들이자 인간의 아들로 계시면서 인간의 빛이 되어 주셔서, 우리가 이 빛 속에서 자신이 죄의 인간임을 보게 하며 자신을 알고 자신이 죄인임을 고백하게 만든다고 말합니다.

바르트는 복음, 즉 예수 그리스도를 통해 인간의 죄 인식이 사건(Ereignis)이 되는 곳에서 비로소 기독교적인 하나님 인식, 계시 인식, 신앙 인식이 가능해진다고 말합니다. 그러므로 결정적으로 중요한 것은 '예수 그리스도에 대한 인식'(Erkenntnis Jesu Christi)이라고 말합니다. 예수 그리스도에 대한 인식, 즉 그분을 심판자가 아니라 화해자로 인식하게 될 때, 비로소 하나님도 계시도 신앙도 인식하게 된다고

---

[57] 같은 책, 426-427.

말하는 것입니다.[58] 그는 예수 그리스도에 대한 이런 인식이 우리로 하여금 죄를 인식하게 하고 죄의 인간으로서의 인간을 인식하게 하며, 동시에 인간을 자유롭게 한다고 말합니다.[59]

❸ 그는 죄 인식을 통해 변화받기 전과 변화받은 후의 경계선이 있다고 말합니다.

바르트는 정통주의 신학에서 말하는 '회심의 표지'를 인정하는 듯하는 말을 합니다. 하지만 그는 회심 후에 인간이 어떻게 행동하느냐에 따라 구원이 결정된다는 입장을 취합니다. 인간이 미처 변화받지 못했던 때와 예수님 안에서 인간의 상황이 전적으로 변화받은 때의 경계선이 뚜렷하다고 말합니다. 그는 변화받기 전의 인간은 부동적인 존재였지만 변화받은 인간은 변화를 위해 필요한 움직임이 있어야 하고, 인간이 예수님 안에서 실제적으로 높여진다면 그만큼의 낮아짐이 있어야 하며, 인간이 예수님 안에서 변화되어 하나님과 함께할 수 있는 기회가 있는가 하면, 하나님으로부터 떨어져 나갈 위기도 있다고 말합니다.[60]

우리는 여기서 바르트가 개혁주의 신학의 핵심 진리인

---

58 같은 책, 427.
59 같은 책, 428.
60 같은 책, 429.

'성도의 견인'(Perseverance of the Saints) 교리를 부정하는 것을 볼 수 있습니다. 그는 변화받기 전과 변화받은 후의 경계선이 있다는 것은 인정하며, 변화를 위해 필요한 움직임이 있어야 한다고 강조합니다. 하지만 이것은 성령의 고유한 사역이며, 우리가 성령의 움직임에 순응해야 한다고 가르치지는 않습니다. 그는 "인간이 예수님 안에서 변화되어 하나님과 함께할 수 있는 기회가 있는가 하면, 하나님으로부터 떨어져 나갈 위기도 있다"고 말합니다. 마치 구원의 유지와 보전이 인간의 의지에 달려 있는 것처럼 말합니다. 그는 결국 세미펠라기안적 입장을 취하는 것입니다.

❹ 그는 죄를 이기고 승리하신 위에 계신 예수님을 바라보며 그분에게로 돌이키지 않고 아래에 머물러 있는 상태를 죄라고 규정합니다.

바르트는 예수님 안에서 완성된 인간 상황의 변화는 그것이 아직 변화되지 않았던 이전(Vorher)으로부터 분명히 경계선이 그어졌다고 말합니다. 그는 하나님이 이렇게 자신과 분리된 채로 있으면서 올라오려 하지 않고 아래에 머무르고자 하는 인간의 이전 상황을 끝내기 위해 자기 아들을 보내셨다고 말합니다. 그리고 예수님은 이런 상황에서 우리와 연대하셨고 우리의 형제가 되셨으며, 이런 상황의 조건과 귀결을 자신의 것으로 만들고 제거하기를 원하셔서 우리 대신 십자가에서 죽으셨다고 말합니다. 그는 이런 이유로 예수님의 고난과 죽음의 행위 안에서 그분은 극복자이고, 승리자(der Sieger)이며, 승리자였다고 말합니다. 바르트는 "예수는 승리자시다"라고 했던 블룸하르트처럼 말하고 있습니다.

바르트는 예수님이 하나님 우편에서 무슨 일을 하고 계신지에 대해 말합니다. 그분은 인간으로서 높여지셨고 하늘로 올려지셨으며, 하나님으로부터 버림받은 상태에서 하나님과의 완전한 교통의 상태로 들어서셨고, 인간으로서 하나님 아버지 우편에 앉아서 우리를 위해—즉 완전한 인간의 상황의 변화를 위해—항상 간구하신다고 말합니다.

그러면 인간의 죄는 무엇입니까? 바르트는 인간이 이전의 상태에 머물러 있는 것, 아래로부터 움직이지 않는 것, 하나님과 분리된 상태에 머물러 있는 것이 바로 인간의 죄라고 말합니다. 그는 인간은 그 자리에 머물러 있지 말고 하나님을 향해 "앞으로(Vorwärt)! 위로(Aufwärt)!"를 외치며 나아가야 한다고 말합니다. 인간은 예수 그리스도를 통해 자신에게 일어난 변화를 믿고—즉 화해의 사건을 믿고—하나님을 향해 앞으로, 위로 나아가 감사를 드려야 합니다. 바르트는 인간에게 이런 감사가 생겨날 때, 진정으로 자신의 죄를 뉘우치고 회개하며 돌아서서 거룩한 삶으로 나아갈 수 있다고 말합니다. 바르트는 하나님의 은혜의 행위, 즉 예수 그리스도 안에서 일어난 십자가와 부활과 승천이 우리를 위한 행위라는 것을 믿고 감사하며 하나님께로 돌아가는 것이 인간이 해야 할 가장 중요한 일인데, 그렇게 하지 않고 이전의 상태에 고집스레 머물러 있는 것이 죄라고 말합니다.

우리가 주목해야 할 점은, 바르트는 예수님의 십자가가 아담의 원죄로 말미암아 일어난 행위이고, 예수님의 십자가의 구속 행위는 원죄로 말미암은 인간에 대한 하나님의 진노로 일어났으며, 예수님의 십자가 사건은 하나님의 화해 사건 이전에 인간의 죄에 대한 심판의 사건임을 전혀 언급하지 않는다는 것입니다.[61]

6) 의인이면서 동시에 죄인에 대한 이해

과연 바르트에게 "의인이면서 동시에 죄인"(simul iustus et peccator)이라는 종교개혁자들의 진리가 존재할까요? 인간은 예수 그리스도를 믿음으로 말미암아 의롭다고 인정받지만, 아담이 물려준 죄의 본성이 그 안에 남아 있어서 말씀과 성령님의 도움으로 계속하여 죄를 잔멸해 나가고 그리스도를 닮아 가는 선한 싸움을 해야 한다는 것이 의인이면서 동시에 죄인이라는 교리의 내용입니다. 구원받은 신자 안에는 두 사람, 즉 옛 사람과 새 사람의 싸움이 있어야

---

61 같은 책, 429.

한다는 것이 이 교리가 강조하는 내용입니다.

하지만 바르트는 옛 사람과 새 사람의 싸움을 지양합니다. 그는 예수님 안에서는 더 이상 옛 사람이 없다고 말합니다. 새 사람만 있을 뿐입니다. 여전히 죄를 짓고 있어도 그는 새 사람입니다. 하나님이 예수 그리스도 안에서 그의 옛 사람의 종말을 고하고 새 사람으로 받아들였다고 말하기 때문입니다.

바르트는 옛 사람이 새 사람으로 변화된 이유는, 하나님이 예수 그리스도 한 사람을 죽게 하시면서 옛 사람을 죽게 하고 그를 새 사람으로 받아들이셨기 때문이라고 말합니다. 그는 하나님이 이전의 잘못되고 전도된 사람을 얼마나 깊고 철저하게 받아들이셨는지에 대해 말합니다. 하나님이 자기 아들 안에서 자신을 인간의 형제로, 그의 상황의 동료로, 그의 부끄러움을 짊어진 자로 만들 정도로, 인간을 위해 대신 부끄러움을 당하는 자가 되기를 원할 정도로 깊고 철저하게 받아들이셨다고 말합니다.

하나님은 왜 인간을 받아들이셨습니까? 바르트는 인간에게서 그의 선택과 그의 사랑과 그의 창조주의 의지와 모순되는 상황과 부끄러움을 제거하고 그를 자신의 영광으로 옷 입혀 주어, 그리하여 그가 새롭고 참된 왕적이고 영적이며 하나님 자신에게 합당한 새로운 인간이 되도록 하기 위함이라고 말합니다. 그 결과로 그의 인격 안에서 인간과 맺은 언약이 인간 편에서도 지켜지고 성취되어, 그와의 평화 안에서 자기 자신과의 평화뿐만 아니라 이웃과의 평화 속에서도 존재할 수 있는 인간이 되도록 하기 위함이라고 말합니다. 바르트는 이런 잘못되고 전도된 육체적인 인간, 그럼에도 불구하고 하나님이 불쌍히 여기고 받으셨던 이 인간이 바로 죄의 인간이라고 말합니다.

그러면 우리는 자신이 죄의 인간이라는 사실을 어떻게 볼 수 있습니까? 바르트는, 종교개혁자들처럼 율법을 통해서가 아니라 복음을 통해서라고 말합니다. 예수님 안에서 그에게 일어난 신적인 은혜의 행위의 빛 안에서 자신이 죄의 인간이라는 것을 보게 된다고 말합니다. 그리고 이런 죄의 인간으로서 그 죄의 빛 속에서 죄의 법과 부딪히면서 개별 인간이 보여지게 되며, 그가 하나님을 찬양하기 위해 가장 깊은 토대를 갖게 되는 바로 그곳에서 율법은 자기 찬양과 함께 영원한 종말을 고하게 된다고 말합니다.[62]

이것은 은혜의 빛 안에서 자신이 죄의 인간 자체로 받아들여졌다는 사실을 확인하게 되면 율법이 더 이상 어떤 효력도 미치지 못하게 된다고 말하는 것입니다. 은혜 안에 있다는 사실을 확인하는 순간, 자신은 더 이상 율법의 구속을 받지 않는다고 말하는 것입니다. 하지만 루터와 칼뱅은

---

62 같은 책, 430.

의롭게 된 신자에게도 여전히 율법은 죄를 지적하는 기능을 하며, 그리스도께로 인도하는 용도로써 신자가 죽는 날까지 효력을 지닌다고 말합니다.

그러나 바르트는 자신이 은혜받은 자임을 아는 순간, 율법의 구속을 더 이상 받지 않는다고 가르칩니다. 바르트에게 있어서 은혜받은 자는 죄의 인간으로서 의인이지, 의인이면서 동시에 죄인이 아닙니다. 이것이 바로 바르트의 칭의론이 가톨릭에서 환영받는 이유를 보여 주는 대목입니다. 그는 믿는 자는 더 이상 죄인이 아니라 의인이라고 말함으로써, 가톨릭의 칭의 교리를 확정 지은 트리엔트 종교회의의 입장을 따르는 것입니다. 트리엔트 종교회의에서는 '의인이면서 동시에 죄인'이라는 루터의 교리를 비판하고 이단으로 선고했습니다.[63]

7) 칭의(Rechtfertigung)와 성화(Heiligung)의 이해

바르트는 "신자는 예수 그리스도에게 참여함으로써 구원이 이루어진다"는 자신의 입장과 칼뱅의 입장이 비슷하다고 주장합니다. 그는 하나님이 예수 그리스도를 낮추시고 다시 높이시는 과정을 통해 주신 은혜를 칭의의 행동과 성화의 행동으로 나타내신다고 말합니다. 그는 이중의 은혜,

---

63 졸저 『칭의, 루터에게 묻다』에서 이 문제를 상세하게 다루고 있다.

즉 칭의의 은혜와 성화의 은혜에 대한 칼뱅의 주장에 동의합니다. 칭의 없이는 성화가 없고, 성화 없이는 칭의가 없다고 주장합니다. 그는 성화와 칭의는 각각의 계기를 가지고 있으며 서로 구분되는 은혜이지만, 목적론적으로 볼 때는 성화의 은혜가 칭의의 은혜보다 더 중요하다고 보며 이렇게 말합니다. "그러나 우리가 칭의와 성화의 관계에서 보았을 때, 목적론적으로 성화가 칭의 위에 위치하고 있으며, 그 역은 성립하지 않는다고 말해야 하지 않는가?"[64] 그는 이것을 좀 더 구체적으로 설명합니다.

> 각각 특수한 진리의 동일한 중요성과 함께 다음과 같은 양쪽의 대답이—서로 구분되지만 서로를 지양하지 않으면서—있을 수 있고, 또 유효할 수 있다. 하나님의 원하심과 행동의 동시성(simul) 안에서, 칭의는 근거(Grund)로서 성화는 목표(Ziel)로서, 그리고 다시 칭의는 전제(Voraussetzung)로서 성화는 결과(Folge)로서 이해될 수 있다. 이런 의미에서 이 둘은 서로 상위와 하위 관계에 놓여 있다. 이런 양 계기와 측면의 다양성과 통일성을 포괄하면서, 한 분이신 그리스도의 한 은혜는 두 가지 은혜, 즉 의롭게 하면서 거룩하게 하는 은혜를 일으키고 창조하여 하나님께는 영광이 되게 하는 동시에 인간에게는 구원이 되게 한다.

---

64 § 66 Des Menschen Heiligung, 1. Rechtfertigung und Heiligung, 575.

그런데 바르트는 이 지점에서 칼뱅과 다른 입장을 취합니다. 그는 이러한 칭의와 성화의 은혜를 칼뱅과 같이 특정한 사람들에게만 일어나는 일로 만들어서는 안 된다고 말합니다. 비록 현재는 이런 이중의 은혜가 특정한 백성에게만 주어지지만, 이런 특수한 실존은 그 자체가 목적은 아니라고 말합니다. 바르트는 "그러나 그분에게 실제로(de facto) 일어난 것은, 원칙적으로(de iure) 모든 인간에게 일어났다"[65]고 주장하면서 칼뱅의 이중예정론을 정면으로 비판합니다.

바르트는 여기서도 성화는 그리스도의 것이지 신자들의 것이 아니라고 강조합니다. 그리스도만이 하나님 앞에서 거룩하다고 인정받은 유일한 분이시라고 말합니다. 그는 이 한 분 그리스도 안에서 발생한 인간적 성화가 그들의 성화이고, 그것은 근원적이고 본래적으로 그들이 아니라 바로 이 한 분에게 주어진 성화이며, 그들의 거룩함이란 근원적이고 본래적으로 그분의 것이며 그들의 것이 아니라고 분명히 말합니다.[66]

그는 이렇게 인간의 성화를 성취하려고 하신다는 사실은 바로 이 한 분의 실존 안에서, 즉 예수 그리스도 안에서 현실이 되었고, 현실이 되며, 미래의 현실이 될 것이라고

---

65 Rechtfertigung und Heiligung, 575.
66 § 66 Des Menschen Heiligung, 2. Der Heilige und die Heiligen, 578.

말합니다. 더 나아가 이것은 근원적이고 본래적인, 그리고 일회성의 직접적인 형태 안에 있는 성화라는 하나님의 행위라고 말합니다. 그 형태 안에 다른 모든 형태들이—이스라엘과 공동체의 성화는 물론이고 인류와 세계 전체의 성화라는 먼 목표와 함께—포함되어 있으며, 이 모든 것은 그런 형태를 통해 조건 지어져 있다고 말합니다.[67]

이것은 신자는 그리스도의 거룩에 참여함으로 말미암아 거룩하다고 인정된다는 말입니다. 바르트는 여기서도 이런 그리스도에의 참여(그리스도와의 연합)는 특정한 사람들이 아니라 모든 사람에게 주어졌다고 강조합니다.

> 이런 참여를 칼뱅은 성도들의 '그리스도에의 참여'(participatio Christi)라고 불렀다. 우선 이런 참여에 관한 전제를 언급해야 할 것이다. 이 전제는 이런 참여 안에서 자기 스스로를 증거하는 인간적 성화가 한 분 예수 그리스도 안에서 사실적으로, 권능 있게, 구속력 있게 모두를 위해(für alle)—그러므로 하나님의 백성뿐만 아니라 모든 인간을 위해(für alle Menschen), 성도들만 아니라 모든 인간을 위해—실현되었다는 것이다.···그들의 성화는 그들의 전적인 특수성(Partikularität) 안에서 하나님의 보편적인(univeralen) 행동의 지수(Exponent)인데, 그 행동의 의미와 목적은 세계의 화

---

67 Der Heilige und die Heiligen, 582.

해이며, 이는 세상의 일부 사람들 중 다수를 겨냥한 것이 아니다. 그들의 성화는, 그들이 세계 한가운데서 이런 특정한 사람들과 백성의 실존이라는 사실을 창조하면서 하나님의 크신 결정 곧 예수 그리스도 안에서 그들 위에뿐만 아니라 모든 시간과 공간 속의 모든 인간에게 내려진 위대한 결정을 증거한다.[68]

바르트는 하나님의 은총으로 말미암는 칭의와 성화의 은총이 모든 사람에게 주어졌음을 이어지는 문장들에서 더욱 강하게 주장합니다. 그는 예수님 안에서 일어난 것은 인간의 고양과 하나님을 향한 인간의 성화인데, 이것은 인간성 자체의 새로운 각인으로서, 다른 모든 사람들 대신에 그리고 그분이 왕으로서 직분을 행사하는 가운데 그들을 위해 일어난 것이라고 말합니다. 그리고 이런 일은 그들 모두를 찾는 사랑의 자비하심과 함께, 그들 모두를 생각하는 의지의 진지함과 함께, 그들 모두에게 행해진 행위의 권세와 함께, 결국에는 그들 모두 위로 떨어진 하나님의 결정의 구속력과 함께 발생한 것이라고 말합니다.

그는 예수님의 존재와 행동의 도달 영역은 자신을 향하는 것과 마찬가지로 자신의 주위에 있는 자신과 비슷한 다른 모든 사람의 존재와 행동을 향한 것이며, 자신과 함

---

[68] 같은 책, 586-587.

께 다른 사람들도 그분에 의해 규정되어 있는 것이라고 말합니다. 그리고 '인간 예수를 안다는 것'(das Wissen um den Menschen Jesus)은 자신과 다른 모든 각각의 인간 실존이 그분의 실존 안에 포함되어 있다는 사실을 아는 것이라고 말합니다.[69] 그는 예수님은 특정한 사람들만을 위해 존재하는 것이 아니라 이 세상의 모든 사람을 위해 존재한다는 사실을 다음 문장에서 분명하게 말합니다.

> 그러므로 어떤 거룩한 사람이라도—그들은 인간 예수를 아는 자들일 텐데—그분 실존의 포괄적인—자기 자신과 함께 '이 세상의 자녀들'도 포괄하는—성격을 알지 못한 채로, 오직 저 한 분의 거룩성에 참여할 수 없다.

이런 맥락에서 그는 특정한 사람들의 칭의와 성화를 말하는 칼뱅의 이중예정론을, 이미 앞에서(II/2, § 32-35) 언급했지만, 여기서 다시 한번 언급하며 심도 있게 비판합니다. 바르트는 칼뱅의 '그리스도에의 참여'에 대한 교리는 아무리 비판해도 지나치지 않는다는 약점을 가지고 있으며, 이 약점은 전체적이고, 그 자체로는 균형 잡히고 유익한 그의 칭의와 성화에 관한 서술 안에서도 완전히 지어질 수 없다

---

69 같은 책, 587-588.

고 말합니다.

바르트는, 칼뱅의 약점은 그가 고유한 예정론 때문에 인간 예수 실존의 '보편적인 효력 범위'(die universale Tragweite)에 대한 지식을 차단해야 했다는 것에 있다고 봅니다. 그는 칼뱅이 에베소서 1장 4절에 언급된 "그리스도 안에서" 완성된 영원한 선택을 단지 하나님의 영원하신 결의 안에서 구원과 화해로, 또한 예수 그리스도 안에 있는 칭의와 성화로 미리 정해진 사람들에게만 적용하려고 한 반면에, 그분의 실존이 다른 모든 사람들을—이런 예정에서 제외된 사람들, 다시 말해 저주받은 자들을—위해서는 전혀 긍정적인 의미를 갖지 않도록 만들었다고 비판합니다.

바르트는 칼뱅이 예정을 특정한 사람들에게 제한시킴으로써 생기는 여러 문제점들을 계속하여 지적합니다. 칼뱅처럼 예정을 가르치면, 그리스도를 사람들에게 밝히고 그들을 믿음으로 일깨우는 성령의 사역은 미리 예정된 자들의 영역 위로 한정되며, '그리스도에의 참여' 혹은 '그리스도와의 영적 교류'(Communicatio Christi) 그리고 그 안에서 근거로 삼는 인간의 칭의와 성화도 부분적인 의미를 갖는 하나님의 행동이 되어 버린다고 비판합니다. 또한 저주받은 자들을 위해 예수 그리스도가 죽임을 당하신 것이 아니고, 하나님의 아들로서 자신을 낮추신 것이 아니며, 사람의 아들로서 하나님과의 연합 안으로 고양되신 것이 아니라는 뜻이 된다고 말합니다. 그리고 주님은 그들을 위해 대리하지 않으셨고, 주님과 머리와 목자로서 행동하지 않으셨다는 뜻이 된다고 말합니다. 바르트는 이런 '예정에 대한' 구상 개념 안에 놓여 있는 심각한 왜곡에 대해 언급하지 않을 수가 없다고 말하면서 칼뱅을 강도 높게 비판합니다.[70]

8) 칼뱅의 예정론은 어떤 문제점을 가지고 있는가?

바르트는 칼뱅의 예정론이 안고 있는 문제점을 다섯 가지로 지적합니다.

첫째, 그는 칼뱅의 예정론은 하나님의 영광과 인간의 구원 사이의 강한 상호 관계를 해소시킨다고 말합니다. 또한 그는 하나님의 영광이 단지 특정한 사람들의 구원 안에서만 승리한다고 말하는 칼뱅에 대해 비판하면서, 나머지 모든 사람들의 비구원도 그 영광에 봉사한다고 말합니다.

둘째, 그는 칼뱅의 예정론은, 예정된 자들의 예정은 그 자체의 가장 최후이자 고유한 근거를 예수 그리스도 안에서가 아니라, 근거도 없고 변경될 수도 없는 앞선 규정(하나님의 작정) 안에서 찾아야 한다는 것을 의미하며, 그 규정 안에서 사람들은 예수 그리스도 안에 예정된 자들에 속할

---

[70] 같은 책, 588.

것인지 아닌지가 결정되어 있다고 가르친다고 비판합니다.

셋째, 그는 칼뱅 식으로 이해한다면, 그런 앞선 규정에 의해 근거로 삼은 그들의 예정, 그들의 그리스도에의 참여, 그들의 칭의와 성화가 하나님의 영광에 봉사해야 한다는 목적 자체(Selbstzweck)가 자기 자신을 실현하면서 하나님의 다른 창조물들과의 관계에서 어떤 긍정적인 기능도 갖지 않기 때문에 목적도 없고 열매도 없게 된다고 말합니다. 즉, 만세 전에 미리 구원이 정해져 있다면 인간이 이 땅에서 하는 모든 노력이 소용없다는 이야기입니다.

넷째, 그는 칼뱅 식으로 이해한다면, 예정은 단지 하나님의 거룩성을 증거하는 것에만 이바지할 수 있는 것이 되고, 하나님의 자비하심도 예정된 자들 위에만 한정되는 것이 되며, 그분의 사랑도 자기 자신에게 근거될 수 없는 자의성으로 규정된 특정한 경계선 안에 내주하게 된다고 비판합니다. 그리고 그런 예정은 완전한 사랑이 아니므로 인간은 어떤 신뢰도 바칠 수 없다고 말합니다. 하지만 이런 식의 예정은 예수 그리스도 안에서 의로운 자들과 거룩한 자들에게도—그들이 겉보기에는 탁월한 위치를 차지하고 있다 해도—상당한 부담이 될 것이라고 말합니다.

다섯째, 바르트는 그분 안에서 인간에게 선험적으로 수여되어 있는 성화, 거룩한 자들이 유보 조건 없이 확신할 수 있고 다른 사람들 가운데 있는 그들의 실존에 목적론적 의미를 줄 수 있는 성화라는 전제가 칼뱅의 '그리스도에의 참여'라는 개념에는 결여되어 있다고 말합니다. 이것은 자신의 구원이 이미 정해져 있는데, 누가 성화에 힘쓰겠느냐고 말하는 것입니다. 그는 칼뱅에게는 이런 전제의 자리에 전적으로 은폐된 익명의 예수 그리스도 안에서 행동하지 않으면서 그분의 얼굴 안에서 계시되지 않는 하나님의 자비하신 권능이 아닌 다른 어떤 비밀 안에 계신 하나님의 '절대적인 결의'라는 심연이 열리게 된다고 말합니다. 그는 이 사실은 최후까지 칼뱅의 성화론을 지탱하는 근거가 결여되어 있다는 것을 의미하므로 우리는 이런 주제에서 결단코 칼뱅의 사고를 넘어서야 한다고 주장합니다.[71]

칼뱅의 예정론에 대한 바르트의 비판을 종합하면, 한마디로 하나님이 우리의 구원을 미리 정해 두셨다면 하나님의 영광도 예수 그리스도의 십자가의 죽음도 다 헛된 것이 될 수밖에 없고, 인간이 이 땅에서 예수님을 믿고 의롭게 되고 성화에 힘써야 할 동기와 필요가 없다는 것입니다. 그러면 바르트가 주장하는 화해론은—즉 만세 전에 하나님이 예수 그리스도 안에서 택자와 비택자의 구별 없이 모든 사람을 선택하시고 그들과 화해하셨다는 이론은—하나님의 영광을 드러내고 예수 그리스도의 십자가 죽음을 유효

---

[71] 같은 책, 589.

하게 하며 인간으로 하여금 성화에 힘쓰게 하는 데 기여할 수 있을까요? 만세 전에 이미 예수님 안에서 선택되고 하나님과 화해되었다는 사실을 알 때 인간이 죄를 그치고 태만하게 살지 않으며 성화에 힘쓰면서 살아갈까요? 만일 그런 사실을 알게 된다면, 인간은 더 안주할 수 있다는 것을 왜 모를까요? 바르트가 칼뱅의 예정론을 비판한 논리에 따라 자신도 비판을 받게 되니 참으로 아이러니합니다.

5.
하나님의 인간성

바르트가 인생의 후반부에 자신의 초기 신학의 입장을 바꾸었다는 주장에 대해서는 대부분의 학자들이 동의합니다. 1956년 9월 25일 아라우에서 개최된 스위스 개혁교회 목사 총회에서 바르트는 "하나님의 인간성"(Die Menschlichkeit Gottes)이라는 강연으로 자신의 생각을 분명하게 표현합니다. 이 강연을 살펴보면 그의 신학이 어떻게 바뀌었는지 알 수 있습니다.

하나님의 인간성이란 무엇인가?

그는 "하나님의 인간성"이라는 표현이 가져올 수 있는 혼란을 예견했나 봅니다. 그래서 자신이 이 표현을 통해 무엇을 말하고자 하는지를 정확히 밝힙니다.

하나님의 인간성! 바르게 이해한다면 이 말은 하나님이 인간을 향하시는 것(Wendung), 그리고 인간과 맺으시는 관계를 의미한다. 이 말은 약속과 계명을 통해 인간과 대화하시는 하나님을 가리킨다. 이 말은 인간을 위한 하나님의 존재, 중재, 활동 및 하나님이 인간과 나누시는 교제를 나타내며, 다름이 아니라 '인간의 하나님'이 되려는 하나님의 의지가 담긴 자유로운 은혜를 표현한다.[1]

바르트는 자신이 신학적 입장을 바꾸게 된 이유를 설명합니다. 그가 40년 전에 『로마서』를 쓸 때는 하나님의 신성을 강조했기에 하나님의 인간성은 변방으로 밀려날 수밖에 없었다고 솔직히 시인합니다.[2] 하지만 이제 시대가 바뀌었고 전후 시대의 과제는 하나님의 인간성에 대한 지식을 하나님의 신성에서 이끌어내는 것이라고 말합니다.

그는 19세기 신학이 무엇을 하고자 했고 그 과제를 제대로 수행했는지를 평가하며, 자신들이 자유주의 신학을 비판한 점은 분명히 옳았다고 말합니다.[3] 하지만 자신들의 변증법 운동이 부분적으로만 옳았다는 사실을 솔직하게 인정해야 한다고 말하면서,[4] 자신들이 어디서 길을 잃었는

---

1 칼 바르트, 『하나님의 인간성』, 55.
2 『하나님의 인간성』, 57.
3 같은 책, 58-64.
4 같은 책, 65.

지 묻고는 이렇게 대답합니다. "그 당시에 우리는 거의 배타적으로 분리(diastasis)라는 질병의 개념만 다루었고, 유비(analogia)라는 보충 개념은 단지 드물게 부차적으로만 다루었다는 것이다. 이 지적은 사실일 수 있다."

우리는 그가 말하는 '분리'와 '유비'라는 개념의 대조에 주목해야 합니다. 앞서 『교회 교의학』을 다루면서 이미 언급했지만, 그는 이 강연에서도 자신이 초기에는 유비 개념을 받아들이지 않았다고 말합니다. 그는 자신들이 올바르다고 생각했던 바로 그 지점에서 틀렸는데, 그 이유는 처음에 자신과 다른 사람들을 모두 흥분시켰던 하나님의 신성에 대한 새로운 지식을 충분히 조심하면서 어떻게 완벽하게 밀고 나가야 할지를 알지 못했기 때문이라고 시인합니다. 하지만 신성에 대한 지식으로 돌아갔던 것, 그 지식을 크게 애써서 알려지게 만들었던 것은 틀림없이 선하고 적절한 일이었다고 주장합니다.[5]

이런 맥락에서 바르트는 자신의 초기 신학에서 하나님 개념의 핵심 용어인 '전적 타자'(der ganz andere)의 문제점도 지적합니다. 그는 자신이 '전적 타자'라는 특이한 개념으로 성경이 '여호와-주님'이라고 부르는 분의 신성과 감히 동일시하려고 시도했었다고 고백합니다. 그렇게 고립된 '전

---

5 같은 책, 69.

적 타자'를 추상화하고 절대화했으며, 그것을 인간과 대립시키려 했다고 말합니다. 그리고 사람들이 이 개념을 들었을 때, 그것이 아브라함과 이삭과 야곱의 하나님보다는 철학자들의 신이 지닌 신성과 더 큰 유사성을 갖는다는 점을 지속적으로 지적하면서 그 대상과 씨름하게 만들었다고 말하며, 전적 타자라는 용어가 가진 문제점을 솔직하게 인정합니다.[6]

바르트는 자신이 초기에 전적 타자 개념을 고착화하여 하나님이 역사를 통해 인간과 함께하며 교제하신다는 사실을 간과하게 만드는 결과를 초래했다고 반성합니다. 그는 살아 계신 하나님의 신성의 의미와 능력이 오로지 그분의 역사, 그분이 인간과 나누시는 대화, 그분이 인간과 함께하시는 사건 안에서만 발견될 수 있다는 참된 사실을 간과하게 만들었다고 말합니다. 즉 '인간과 함께하시는 하나님'의 주권성의 문제를 간과했다는 것입니다. 하지만 그는 이렇게 말한다고 해서 자신이 역사 비평을 주장하는 자유주의자들의 입장으로 선회한 것은 아니라고 말합니다. 자신의 입장은 그들과 전혀 다르다고 분명히 밝힙니다.

그는 하나님이 역사 안에서 우리와 함께하심은 오로지 그분 안에 기초를 두며, 그분을 통해서만 결정되고 한계

---

6 같은 책, 69-70.

가 정해지고 질서를 갖게 된다고 말합니다. 오로지 이런 방식과 오로지 이런 맥락에서 그 함께하심이 발생할 수 있고 인식될 수 있다고 못을 박습니다. 그는 계속하여 하나님이 신성 안에서 자신을 계시하실 때, 하나님은 '자기 자신만을 위한 신적 존재'라는 어떤 진공 안에서가 아니라, 정확하고 확증적으로 인간의 파트너로서—물론 절대적으로 우월한 파트너로서—존재하시며 말씀하고 행동하신다고 말합니다. 바로 이렇게 행동하시는 분이 살아 계신 하나님이시고, 하나님이 이렇게 행하실 수 있는 자유가 그분의 신성이라고 말합니다. 또한 이것은 그 자체로 인간성의 성격도 가지고 있는 신성이라고 말합니다. 그는 바로 이 형태 안에서, 오로지 이 같은 형태 안에서 하나님의 신성에 관한 자신의 견해는 저 앞선 신학, 즉 자유주의 신학에 반대하는 입장에 설 수 있다고 봅니다.[7]

바르트는 자신이 '하나님의 인간성'을 말할 때는 하나님의 신성을 포기한다는 뜻이 아니라 그것을 새롭게 정의하는 것이라고 강변합니다. 진리의 요소는 정확하게 말해서 '인간성을 포함한 하나님의 신성'이라고 말합니다.[8] 그는 하나님의 인간성은 그리스도론에 근거하여 전개되어야 한다는 점을 강조합니다.

---

7 같은 책, 71.
8 같은 책, 72.

우리가 바라보는 하나님은 인간과 분리되어 저 멀리 낯선 곳에 있는 어떤 신이 아니며, 인간이 아닌 기괴한 신은 아니라고 해도 인간 없는 하나님으로서 홀로 자신의 신성 안에 존재하는 신이 아니다. 예수 그리스도 안에서 인간이 하나님으로부터 분리되는 일이 없듯이, 하나님이 인간으로부터 분리되는 일도 없다.[9]

바르트는 우리는 예수 그리스도 안에서 하나님과 인간의 역사 및 대화와 마주치게 되는데, 그 안에서 하나님과 인간은 서로 만나고 대화하며 함께 존재한다고 말합니다. 그것은 상호 간에 맺어지고 보존되며 양쪽에 의해 성취되는 언약의 현실성이라고 말합니다.

그는 예수 그리스도는 그분의 한 인격 안에서, 참 하나님으로서 인간의 신실한 파트너이시며, 참 인간으로서 하나님의 신실한 파트너가 되신다고 말합니다. 이런 '하나'의 존재 안에서 예수 그리스도는 하나님과 인간 사이의 중재자 곧 화해자이시며, 하나님을 대신하여 인간에게 다가와 믿음, 소망, 사랑으로 부르고 깨우시며, 인간을 대표하여 하나님께 나아가 충족시키는 중재를 행하신다고 주장합니다. 이같이 그분은 인간에게 하나님의 자유로운 은혜를 증언하고 보증하며, 동시에 하나님께 인간의 자유로운 감사

---

9 같은 책, 73.

를 증언하고 보증합니다. 그는 정확하게 이런 방식으로 예수 그리스도는 하나님과 인간 사이의 중재자와 화해자이며 또한 양쪽 모두의 계시자라고 말합니다.[10]

이 지점에서 우리가 눈여겨봐야 할 점은 바르트가 여기서도 칼뱅을 비판한다는 점입니다.

> 하나님의 신성이 그분 자신의 인간성을 배제하는 것이 아니라 오히려 포함한다는 사실을 결정적으로 알게 되는 것은 우리가 예수 그리스도를 바라볼 때다. 칼뱅이 자신의 그리스도론과 신론 안에서, 자신의 예정론의 가르침 안에서, 그다음에는 논리적으로 자신의 윤리학 안에서 바로 이 지점, 즉 하나님의 인간성까지 힘차게 밀고 나갔다면 얼마나 좋은 결과가 있었을까! 그랬다면 칼뱅의 도시 제네바는 그렇게 우울한 분위기에 사로잡히지 않았을 것이다.[11]

바르트는 마치 칼뱅이 하나님의 인간성을 소홀히 하여 인간의 현실을 비인간적으로 만든 것처럼 말하고 있습니다. 칼뱅의 추종자들은 결코 이 말에 동의하지 않을 것입니다. 칼뱅은 하나님의 신성을 강조하는 것이 인간과 세상의 문화를 소홀히 하도록 만드는 것이 아니라, 도리어 하나님

---

10 같은 책, 73-74.
11 같은 책, 78.

께 영광을 돌리는 문화이자 가장 인간적인 문화가 되게 한다고 가르치기 때문입니다. 바르트가 아브라함 카이퍼의 『칼빈주의 강연』(*Lectures on Calvinism*)을 읽었다면, 칼뱅주의는 인간 세계를 결코 배제하지 않고 인간 삶의 전 영역을 신 중심적으로 만들고자 하는 세계관 운동이라는 것을 알았을 텐데 매우 안타깝습니다.

아무튼 바르트는 초기의 주장과는 정반대로 하나님의 신성은 인간성을 결코 배제할 수 없다고 강변합니다.

> 어떻게 하나님의 신성이 그분의 인간성을 배제할 수 있겠는가?…그분의 신성 안에는 인간과 교제를 나눌 수 있는 넉넉한 공간이 있다.…하나님은 참 하나님이시기 위해 인간성을 배제하실 필요가 없으시고, 반드시 인간이 아니어야 한다거나 어떤 기괴한 비인간을 요청할 필요도 없으시다. 우리는 여기서 더 깊이 바라볼 수 있다. 그리고 반드시 그렇게 해야 한다. 다시 말해, 실제로 하나님의 신성이 그 자체 안에 인간성을 포함하고 있다는 사실을 명확하게 인식할 수 있어야 한다.[12]

바르트는 이 말을 올바로 이해해야 한다고 경고합니다. 마치 하나님이 참 하나님이시기 위해 자신의 파트너가 될

---

[12] 같은 책, 78-79.

타자, 특별히 인간을 필요로 하시는 것처럼 생각해서는 안 된다고 말합니다. 그는 하나님은 그분의 자유를 실제로 인간 없이 존재하시지 않는 쪽으로, 오히려 인간과 함께 존재하시는 쪽으로 행사하신다고 말합니다. 바로 그 자유 안에서 하나님은 인간을 대적하지 않으시고 인간을 위하시는데, 이것은 인간이 마땅히 받아야 하는 것과는 거리가 멀고 반대된다고 말합니다. 바르트는 이 같은 신적 자유의지와 선택 안에서, 이 같은 주권적인 결정 안에서 하나님은 인간적(menschlich)이시라고 말합니다.

그는 하나님의 인간성은 인간을 자유롭게 대해 주시는 것, 인간을 위해 자유롭게 염려해 주시는 것이라고 주장합니다. 또한 우리가 그분의 신성을 처음 인식하는 바로 그곳에서 이 사실을 정확하게 인식하게 된다고 말합니다. 그는 이렇게 반문합니다. "성경이 증언하는 그대로의 예수 그리스도 안에서, 순수한 신성이 그 자체 안에 순수한 인간성을 포함한다는 사실은 참된 사실 아닌가?"[13]

하나님의 인간성을 아는 지식이 가져다주는 효과

바르트는 우리가 하나님의 인간성을 아는 지식을 가질 때

---

[13] 같은 책, 80-81.

그 지식이 가져다주는 효과에 대해 말합니다.

첫째, 그는 동료 인간을 대하는 우리의 태도가 달라진다고 말합니다.

바르트는 하나님의 영원한 뜻에 기초하여 우리는 모든 인간을, 비록 그가 가장 괴상하고 악랄하며 비참한 인간이라고 해도, 예수 그리스도가 친구가 되어 주시고 하나님이 아버지가 되어 주신 존재로 생각해야 하며, 그러한 가정으로 대해야 한다고 말합니다. 그리고 만일 어떤 사람이 이 사실을 알고 있다면, 우리는 그 사람과 그 지식을 강하게 지지해 주어야 하며, 만일 어떤 사람이 이 사실을 아직 모른다면, 그 지식을 전달해 주는 것이 우리의 과제가 되어야 한다고 말합니다.

그는 우리가 하나님의 인간성에 대한 지식을 가졌다면 모든 종류의 이웃 사람에게 이와 다른 입장을 취하는 것은 불가능하며, 이웃 사람의 권리를 실천적으로 인정하는 것과 그의 인간적 존엄성을 인정하는 것은 동일하다고 말합니다. 이것을 부정하는 것은 우리가 예수 그리스도를 형제로, 하나님을 아버지로 가지는 것을 포기한다는 선언이 될 것이라고 말합니다.[14]

바르트는 자신의 화해론의 관점에서 이런 주장을 펼치

---

14 같은 책, 84-86.

고 있으며, 여기에는 칼뱅에 대한 비판이 내포되어 있습니다. 그는 인간을 거절하지 않으시는 하나님을 강조하며 이렇게 말합니다. "하나님은 인간을 거절하지 않으신다. 정확하게 그 반대다! 우리는 이 사실을 굳게 붙들어야 한다."[15]

바르트는 자유주의의 문화신교(Kulturprotestantismus)로 선회하는 것처럼 보이게 만드는 말을 여기에서 합니다.

> 문화의 창조자 혹은 수혜자로서 우리 모두는 문화에 참여하고 있으며 그에 대해 개인적으로 책임을 지고 있다.…그러나 어떤 사람이 바로 이런 점에서 가장 우울하고 회의적인 입장을 취한다고 해도, 그는—선하지 않고 오히려 괴물과 같은 바로 그 인간에게 하나님이 선사하신 '하나님의 인간성'을 바라볼 때—문화가 단지 인간의 내면에 있는 악한 것만 말한다고 주장할 수 없을 것이다. 문화 자체란 인간이 인간답게 되려는 시도, 곧 인간이 자신의 인간성이라는 선한 선물을 명예롭게 붙들고 그것을 작품 속으로 옮겨 놓으려는 시도가 아니라면, 다른 무엇이겠는가?[16]

그는 초기와는 달리 문화를 적극적으로 평가하여 비록 문화가 많은 문제점을 포함하고 있을지라도 하나님이 우리를 찾아와 만나시는 유비적 수단이 된다는 것을 강조합

---

15 같은 책, 86-87.
16 같은 책, 87-88.

니다. 또한 인간의 창조자이시고 주님이신 하나님은 항상 자유로우셔서 인간의 활동과 그 결과가 많은 문제점을 포함하고 있음에도 불구하고, 그 안에서 자신의 영원히 선한 의지와 행위에 대한 유비들을 만들어 내실 수 있다고 말합니다. 그러므로 그는 그 같은 시도와 관련하여 어떤 절제를 말하는 것보다는 순전한 존경, 기쁨, 감사를 표하는 것이 오히려 적절하다는 것이 다른 어느 때보다 참된 사실로 다가온다고 말합니다.[17]

둘째, 그는 우리가 하나님의 인간성에 대한 지식을 가질 때 문화를 신학적 문화로 만들 수 있다고 말합니다.

바르트는 하나님의 인간성을 통해 매우 결정적인 한 주제가 특별히 신학적 문화에 주어졌다고 말합니다. 그는 신학적 문화라는 것이 존재하게 되었는데, 신성 안에 계신 하나님이 인간적이기 때문에 이 문화는 하나님 자체에만 몰두해서는 안 되고, 인간에게만 몰두해서도 안 된다고 말합니다. 인간과 만나시는 하나님, 하나님과 만나는 인간 그리고 양자의 대화와 역사에 몰두해야 한다고 말합니다. 그는 자유주의자들이 문화에 대해 말할 때 하나님과 인간의 대화보다는 문화 자체에 전념하는 것을 비판합니다.

---

17 같은 책, 88.

잘 알다시피, 바르트의 초기 신학에서는 하나님과 인간의 대화는 전적으로 불가능한 일입니다. 그러나 이제는 하나님의 인간성 안에서 인간은 하나님과 대화를 나눌 수 있고, 그 대화와 역사 안에서 양자의 교제가 일어나며, 성취에 도달할 수 있다고 말합니다. 하지만 전제가 있는데, 예수 그리스도만이 하나님과 인간의 대화를 가능하게 만들어 주는 분이라는 것입니다. 바르트는 신학은 오로지 예수 그리스도를 바라보면서, 즉 그분의 존재를 바라보는 좋은 관점에서만 생각하고 말할 수 있다고 주장합니다.[18]

바르트는 그의 화해론의 입장에서 예수 그리스도 안에서 인간에 대해 좋은 것만 말할 수 있다고 주장합니다. 이것은 예수 그리스도 안에서 인간에 대해 나쁘게 말할 수도 있어야 한다는 칼뱅주의의 입장을 우회적으로 비판하는 것입니다.

셋째, 그는 하나님의 인간성에 대한 지식은 입장 표명과 지지를 요청한다고 말합니다.

바르트는 하나님의 인간성, 그리고 하나님의 인간성을 아는 지식은 그리스도교 신학의 사고와 진술에 결정적인 입장 표명과 지지를 요청한다고 주장합니다. 즉 신학자들이

---

[18] 같은 책, 88-89.

신학적 진술을 할 때, 하나님은 인간을 사랑하시며 인간과 교제하기를 원하시는 분이라는 사실을 고백하며 출발해야 한다는 것입니다. 바르트는 신학의 전제와 작업은 하나님과 인간 사이의 교제가 실제로는 모든 인간과 관계된다는 사실에 놓여 있다는 것에서 출발해야 한다고 말합니다.

여기서도 그는 보편구원론적인 관점에서 특정한 인간이 아니라 모든 인간이라는 점을 강조합니다. 이것은 그분 곧 예수 그리스도 안에서 모든 인간의 가장 개인적인 일조차도 다루어지며, 그들 모두의 생명과 죽음이 결정된다는 점에서도 그렇다고 말합니다. 그래서 그는 모든 인간은 그분을 알아야 한다고 말합니다. 그 이유는 그분 안에서 자신의 태도를 결정하고 그분의 존재에 참여하기 위해서라고 설명합니다.

그는 신학은 아직 그분을 알지 못하거나 아니면 제대로 알지 못하는 너무 많은 사람들이 있다고 전제해야 한다고 말합니다. 그래서 그들에게 선포하는 것, 그들을 불러 모으는 것, 그들과 소통하는 것이 필요하고, 신학은 자신이 이 과제로 부르심을 받았다고 전제해야 한다고 말합니다. 따라서 그는 기독교적 진술은 하나님께 기도하는 것인 동시에 바로 그 인간에게 말을 건네는 것이라고 말합니다.[19]

---

19 같은 책, 92-93.

바르트는 그런 인간들과 접촉하는 수단이 바로 '케리그마'(예수 그리스도의 속죄에 대한 하나님의 말씀을 전하는 것, 곧 복음을 선포하는 것)의 메시지라고 말합니다.

> 그 인간들을 초대하고 소환하는 것은 케리그마 곧 소식 전달자가 전하는 메시지다.··· 케리그마 안에서 인간은 자신이 하나님의 심판과 은혜 아래 있는 자, 하나님의 약속과 계명을 받는 자임을 인식한다. 그와 같은 인식, 의지, 열정과 함께 그는 하나님과 교제하는 현실 안으로 들어간다.[20]

넷째, 그는 우리가 하나님의 인간성에 대한 지식을 갖게 될 때 우리가 받은 말씀의 감각적 느낌과 울림은 근본적으로 긍정적이라고 말합니다.

바르트는 하나님은 인간에게 '아니다'라고 말씀하시지만 우리 인간을 위해 그 '아니다'를 예수 그리스도에게 짊어지게 하셨다고 말합니다. 그는 이 사실은 틀림없으며, 그것은 그 '아니다'가 더 이상 우리에게 영향을 미치지 못하도록 하기 위함이고, 우리 자신이 더 이상 그 '아니다' 아래 거하지 않아도 되도록 하기 위함이라고 강조합니다. 그는 하나님의 인간성 안에서 발생하는 것은, 그것이 바로 그 '아니다'를 자체 안에 포함하고 있기 때문에, 인간에 대한

---

20 같은 책, 93-94.

긍정적인 확증이라고 강변합니다.[21]

바르트는 하나님의 인간성은 결국 인간을 높이기 위해 일어난 일이라고 강조합니다. 그는 "예수는 승리자시다" 그리고 "너희 사람은 신들이다"라고 한 블룸하르트의 말을 인용하면서, 이 두 좌우명이 올바르다고 말합니다. 그리고 이와 같은 설명과 함께 인간 정신이 본래 그리스도교적이라는 진술도 타당해지고, 그 결과 힘 있고 즐거운 선포가 될 수 있다고 말합니다. 또한 그는 이것이 우리가 하나님의 인간성의 관점에서 사람들에게—그들의 인문주의가 다소간에 짙은 무신론의 색채를 띤 것과 상관없이—증언해야 하는 내용이라고 말합니다.[22]

그는 이 점에서 하나님의 인간성에 대해서는 오직 한 가지 유비만 있다고 말합니다. 또한 그것은 큰 기쁨의 소식인데—이것은 위로하는 것이지만 그와 동시에 현실적으로 심판한다—하나님이 인간을 위해 예비하신 것이고, 그에 따라 인간이 하나님 안에서 소유할 수 있는 것이라고 말합니다.[23]

---

21 같은 책, 97-98.
22 같은 책, 98-99.
23 같은 책, 100.

구원의 보편주의(Universalism)에 대해 변호함

바르트가 특정한 사람들만 구원받는다는 전통적인 칼뱅주의의 가르침을 거절하고 모든 사람이 구원받는다는 보편구원론을 주장했기 때문에 비판을 받은 것입니다. 바르트는 자신은 결코 보편구원론자가 아니라고 말합니다. 자신은 성경이 가르치는 대로 가르칠 뿐이라고 주장하면서 보편구원론의 근거가 될 만한 성경 구절들을 제시하며 그런 비판을 물리치고자 합니다.

첫째, 그는 골로새서 1장 19-20절이 주는 자극을 받아들여야 한다고 말합니다. "아버지께서는 모든 충만으로 예수 안에 거하게 하시고 그의 십자가의 피로 화평을 이루사 만물 곧 땅에 있는 것들이나 하늘에 있는 것들이 그로 말미암아 자기와 화목하게 되기를 기뻐하심이라." 그는 이 구절은 하나님이 그분의 형상이고 모든 피조물 가운데 가장 먼저 나신 자인 자기 아들을 통해 "만물(Ta Panta)을 자기와 화해"시키기로 이미 결정하셨다는 것을 인정하며 진술한다고 말합니다. 또한 그는 여기서 이런 개념이 어쩌면 좋은 의미를 지니는 것은 아닌지 우리가 깊이 생각할 수 있어야 한다고 말합니다.

둘째, 그는 어떤 사람들이 보편주의를 잘못 이해하여 무관심주의나 도덕률 폐기론에 빠지는 경우가 있다고 말합니다. 하지만 그렇다고 해서 예수 그리스도 안에서 나타난 하나님의 자애심에 어떤 종류의 한계를 두는 것이 우리의 신학적 권리가 되어서는 안 된다고 말하며 보편구원론을 옹호합니다.[24]

결론

바르트는 이 강연을 맺으면서, 하나님의 인간성을 아는 지식 안에서 우리는 전 세계의 그리스도교 곧 교회를 매우 진지하게 수용하고 확증해야 하며, 그에게 감사하고 승인해야 한다고 말합니다. 그는 1920년에는 자신이 교회의 부정적인 면에 대해서만 이야기했다는 것을 인정하며 다음과 같이 말합니다.

> 우리는 그 당시에 교회의 교리, 예배, 법률 질서의 형태를 '인간적인, 너무나 인간적인' 것으로 해석하려 했다. 그래서 '그다지 중요하지 않다'고 판단했다. 우리는 교회의 그러한 활동에 헌신된 모든 진지함과 열정을 단지 피상적인 것 혹은 해로운 것으로 간주했다. 이 모든 일에서 우리는 최소한 열광주의적 영성과 밀교적 영지주의의 이론과 실천에 접근한 셈이 되었다.[25]

---

24 같은 책, 100-101.
25 같은 책, 102.

그는 초기에 자신이 인간과 세계에 대한 문제를 소홀히 했다는 것을 인정합니다.

그는 예수님은 세계 전체의 화해자와 구속자로서 주님이자 왕이자 머리이시라고 말합니다. 또한 그분은 낯선 성도들과 낯선 연합의 교제를 이루어 가시는 가운데 그러한 존재가 되신다고 말합니다. 그분에게 교회는 비천하고 신뢰할 수 없는 어떤 것이 아니며, 오히려 그분 눈에는 교회가 좋은 시절이든 나쁜 시절이든 충분히 소중하고 가치 있는 것이어서, 그분에 대한 증언과 세상에서 진행되어야 하는 그분의 일을 교회에 맡기셨다고 말합니다. 그는 그분 자신을 교회에 맡기신 것이라고 말합니다.

그러므로 그는 어떤 사적인 교회란 있을 수 없다고 말합니다. 그래서 우리는 그런 특수성을 지닌 교회 공동체를 진심으로 수용하고 확증하며 사랑할 수밖에 없으며, 우리는 세부적으로는 틀림없이 인간적인—너무나 인간적인—교회의 모든 노력들, 더 나은 지식과 더 나은 신앙고백, 화합, 내적 질서, 외부를 향한 과제 등을 위한 노력을 오로지 비판적인 시각으로 바라볼 수밖에 없다고 말합니다. 하지만 그럼에도 불구하고 우리는 그 노력이 아주 중요한 것임을 알아야 한다고 말합니다.[26]

---

[26] 같은 책, 105-106.

바르트는 "나는 성령을 믿습니다"라는 개인적 고백이, 만일 구체적이고 실천적이며 책임적인 방식으로 "나는 하나의 거룩하고 보편적이며 사도적인 교회를 믿습니다"라는 공동체적 고백을 포함하지 않는다면 공허할 것이라고 말합니다. 그는 교회란 인간성의 왕관인 '이웃-인간성'이 그리스도를 중심으로 하는 형제애 안에서 볼 수 있게 드러나는 장소라고 믿는다고 말합니다.[27]

---

27 같은 책, 107.

6.
바르트 신학에 대한 평가

우선, 바르트 신학의 긍정적인 점에 대해 말해야 할 것입니다. 무엇보다 그의 공로는 인간 중심의 자유주의 신학의 돌진을 멈추게 하고, 신학이 다시 하나님과 예수 그리스도 중심으로 돌아가게 했다는 점입니다. 하지만 이런 공로에도 불구하고 그의 신학은 시간이 지나면서 점점 더 그리스도를 강조하는 동시에 점점 더 인간을 강조하는 '기독론적 인본주의 신학'(Theologie der christologischen Humanismus)으로 흘러간다는 점을 지적하지 않을 수 없습니다.

바르트의 신학은 후기로 가면서, 그가 초기에 강조했던 하나님과 인간은 전적으로 다르다는 점을 더 이상 말하지 않습니다. 그 대신에 인간에게 어떤 심판도 하지 않으시는 하나님, 인간을 위해 존재하시는 인간적인 하나님을 강조합니다. 이런 치명적인 문제점 외에도 그의 신학은 종교개혁의 정통주의 신학의 입장에서 볼 때 몇 가지 중대한 문제점을 가지고 있습니다.

첫째, 그의 성경관과 계시관이 치명적으로 잘못되어 있습니다.

바르트는 성경과 계시를 구분합니다. 성경은 계시의 흔적이나 증거일 뿐이지 계시가 아니라는 전제에서 출발합니다. 그는 성경이 나에게 화해 사건으로 일어나게 될 때 비로소 하나님의 말씀이 된다고 말합니다. 그리고 성경은 하나님의 계시에 대한 증거이고 증언일 뿐이지, 성경이 곧 하나님의 말씀은 아니라고 말합니다.

바르트에 따르면, 계시는 지금 우리가 보고 있는 성경 말씀이 아닙니다. 계시는 미래적 성격을 가집니다. 그는 성경은 장차 나타날 하나님의 계시를 알려 주는 책일 뿐이며, 우리는 그 미래의 계시를 기다려야 한다고 말합니다. 그 계시의 결국은 하나님이 만세 전에 정하신 만물과의 화해입니다. 하지만 루터나 칼뱅의 정통주의 신학에서는 계시가 성경 안에 이미 다 드러나 있습니다. 우리는 문법의 도움을 받아서 역사와 신학을 고려할 수 있고, 성령의 조명하심으로 계시를 해석할 수 있습니다.

저는 바르트의 계시 이해는 결국 슐라이어마허의 절대 의존 감정의 틀에 빠지지 않았느냐는 생각이 듭니다. 그는 철저히 위로부터의 신학, 계시로부터의 신학을 한다고 했지만 신적 계시 사건의 확인 장소가 감정이 되니, 결국 슐라이어마허의 신학에 떨어지고 만 것입니다.

둘째, 그의 신학은 성경 계시에 의존하기보다는 자신의 관념에 의존합니다.

바르트는 처음에는 헤겔의 관념론적 신학과 슐라이어마허의 경험론적 신학 등 계시 의존적이지 않은 모든 신학을 비판했습니다. 하지만 『교회 교의학』에서 선택론과 화해론을 다룰 때는 자신의 추상적 관념에 의해 신학을 펼칩니다. 그의 화해론은 성경 계시에 의해서라기보다는 헤겔의 관념론의 영향 아래에서 만들어졌다는 비판을 받을 수밖에 없습니다.

발타자르는 이 점을 정확하게 지적합니다. 그는 자신의 저서 『칼 바르트』(*Karl Barth*)의 두 번째 부분(Zweiter Teil)의 제목을 "관념론과 계시"(Idealismus und Offenbarung)로 붙이고는, 바르트 신학이 신학적이라기보다는 관념론 철학에 경도된 신학이라는 점을 지적합니다. 또한 가톨릭 신학의 입장에서 볼 때는, 바르트의 신학이 조직적이고 (systematischer), 형이상학적인(methaphysicher) 성격을 가진 신학이지만, 결코 신학적인 성격을 가지지 않은 신학(nicht theologischer Natur sind)이라고 결론짓습니다.[1]

---

1 Hans Urs von Balthasar, *Karl Barth*, 229-259.

이런 관념적 추론은 성경관뿐만 아니라 그의 성경 주석에서도 나타납니다. 앞서 살펴보았던 것처럼, 그는 예정론의 핵심 구절인 에베소서 1장 4절의 주경에서 치명적인 실수를 합니다. 이 구절은 하나님이 예수 그리스도 안에서 우리를 예정하고 선택하셨다고 말하지, 예수 그리스도를 먼저 선택하시고 그 후에 우리 모두를 선택하셨다고 말하지 않습니다. 그런데 바르트는 미리 결론을 내놓은 선택론과 화해론의 틀에서 '우리를 선택하시기 전에 먼저 예수 그리스도를 선택하셨다'는 사변적 주장을 펼칩니다.

셋째, 그는 신학의 균형을 잃어버렸다고 볼 수 있습니다.

바르트는 신학 초기에는 하나님과 인간의 질적 차이를 강조하면서 하나님의 진노와 심판을 강조했습니다. 모든 인간의 역사나 종교나 철학이나 문화는 하나님과의 어떤 접점도 만들어 낼 수 없다고 주장했습니다. 하지만 『교회 교의학』 이후에는 기독론적 은총 일변도의 신학으로 치우치면서 인간을 향한 하나님의 심판, 진노 등에 대해 침묵하거나 무시합니다. 율법과 복음에 대한 이해에 있어서도 마찬가지입니다. 그는 초기에는 율법 쪽으로 치우쳤다가 나중에는 복음 쪽으로 치우칩니다. 종교개혁자들이 주장한 율법과 복음의 균형, 진노하시는 하나님과 은혜로우신 하나님의 균형을 깨뜨려 놓습니다.

넷째, 그는 종교개혁자들이 로마 가톨릭과 싸우면서 발견한 신학적 강조점을 진지하게 고려하지 않습니다.

바르트는 정통주의 신학이 강조하는 '죄'와 '악'에 대해 매우 소극적으로 평가합니다. 특히 원죄론을 과소평가합니다. 원죄 때문에 성육신이 나타났고 십자가와 부활 사건이 일어나게 된 것입니다. 하지만 그는 원죄론을 언급하지 않은 채, 하나님이 만세 전에 구원으로 정해 놓은 모든 사람을 구원하셨다는 징표(Sign)로서 예수님의 성육신과 고난과 부활을 다룹니다. 하지만 원죄 때문에 예수님이 성육신하시고 우리 죄 짐을 대신 짊어지고 고난당하시며 십자가에 못 박혀 죽으사 하나님에 대한 인간의 죄책을 청산하고 하나님과의 화해를 이루신 것입니다.

악에 대해서도 마찬가지입니다. 그는 악은 선의 대칭적 설정으로만 존재하는 것으로 봅니다. 하나님이 선을 돋보이게 하고 선의 영광을 드러내기 위해 부득이하게 악을 허용하신 것일 뿐이지 악은 실체가 아니라고 말합니다. 그러므로 인간에게 적극적인 영향을 끼치지 못한다고 봅니다. 여기서도 그는 헤겔의 영향, 그리고 더 거슬러 올라가면 신플라톤주의의 영향을 받았다고 볼 수 있습니다.

다섯째, 그의 신학은 역사(Historie)를 무시하는 신학입니다.

바르트는 구원은 이미 하늘에서 결정되었다고 보며, 역사는 단지 이 사실을 알리는 표징의 역할을 한다고 봅니다. 역사는 단지 구원이 일어나기 위한 무대라고 봅니다. 판넨베르크는 바르트의 이 점을 비판하며, 하나님은 역사를 통해 자신을 알리신다고 말합니다. 특히 부활은 장차 임할 하나님 나라의 선취(先取)를 나타내는 사건이라는 점을 강조합니다. 판넨베르크는 아직 역사는 끝나지 않았으며, 하나님은 부활에서 시작된 인류 구원의 역사를 계속 이루어 가실 것이라고 말합니다. 또한 모든 역사에서 일어나는 일들은 하나님의 구원을 나타내는 사건이므로 부활의 빛에서 다가오는 종말을 바라보며 판단해야 한다고 말합니다. 하지만 바르트는 역사의 의미는 십자가와 부활을 통해 이미 다 알려졌으므로 역사 안에서 더 이상 의미를 찾을 것이 없다고 말합니다. 그는 역사의 의미를 찾지 말고 예수님의 의미를 찾으라고 말합니다.

역사를 무시하는 바르트에게는 역사적 종말론도 자리를 잡지 못합니다. 그는 종말은 미래에 오는 것이 아니라 예수 그리스도에 대한 신앙을 갖는 그 순간에 온다고 말합니다. 그는 인간에게는 오직 시간과 영원이 있을 뿐이라고 말합니다. 그러나 우리 신자는 시간적(chronologisch)으로 역사의 마지막에 나타나실 주 예수의 강림을 기다리고 있습니다.

여섯째, 그는 자연신학을 철저히 부정합니다.

자연신학을 부정하는 바르트와 자연신학을 옹호하는 브루너 사이에서는 논쟁이 일어날 수밖에 없었습니다. 바르트는 고가르텐과 불트만 같은 다른 신정통주의자들과도 논쟁을 했습니다. 그는 만세 전에 정해 놓은 모든 사람의 구원을 알리는 차원에서만 자연계시를 인정합니다.

일곱째, 그가 자유주의를 진정으로 극복했는가라는 질문을 던지지 않을 수 없습니다.

바르트가 강조하는 화해와 사랑은 자유주의 신학도 똑같이 강조하는 내용입니다. 『하나님의 인간성』에서 드러났듯이, 그는 결국 자유주의로 회귀하고 맙니다. 자유주의 신학도 하나님에 대해 이야기하지만 그보다는 인간이 중요합니다. 바르트는 인간을 위한 하나님을 강조합니다. 인간에게 어떤 심판도 행하지 않으시는 하나님이라는 것입니다. 그에게 윤리는 자신의 선택을 확인하는 행동이 됩니다.

그의 구원론 역시 자유주의자들처럼 펠라기안적 구원론에 빠집니다. 그는 신앙에 대한 이해에 있어서도 구원론적 의미를 없애고 윤리적으로 이해하고 있기 때문입니다. 게하르트 에벨링(Gerhard Ebeling)은 바르트가 "신앙을 인간에 대한 하나님의 행위가 아니라 하나님에 대한 인간의 행위로 만들었다"고 말하면서 그를 비판합니다.[2] 결국 바르트는 인간의 자유의지의 행동에 따른 이웃 사랑을 구원을 판단하는 측정 근거로 만들고 있습니다. 그는 사랑으로 구원을 받는다는 가톨릭의 구원론과 비슷한 주장을 펼치고 있는 것입니다. 그가 로마 가톨릭 교회의 제2차 바티칸 회의에 유일하게 초청받은 개신교 신학자라는 사실은 우연히 이루어진 것이 아닙니다. 이러한 신학적 일치점이 있기 때문입니다.

여덟째, 은총 일변도의 화해론은 진노의 하나님과 율법을 주신 하나님을 없애 버려 결국 사랑의 하나님도 올바로 나타나지 못하게 막습니다.

바르트는 은총의 보편주의를 주장하면서 창조론을 은총론의 부속물로 만들어 버립니다. 그는 처음에는 인간의 심판을 주장했지만, 나중에는 인간을 위한 하나님을 주장합니다. 인간의 무서운 배도와 교만이 하나님의 진노를 촉발한다는 내용이 사라지면서 하나님의 심판, 율법, 십자가, 중생, 회심, 최후 심판 등이 사라져 버리게 됩니다. 이것은 지독한 헤겔적 낙관주의입니다. 죄를 적극적인 세력으로 보지 않는 신플라톤주의적 오류를 나타내는 것입니다. 그는 결국 악의 실체성과 힘을 부정해 버립니다.

---

2 Gerhard Ebeling, *Lutherstudien Band III*, Mohr Siebeck, Tübingen 1985, 556-558.

마지막으로, 정통주의 신학의 입장에서 볼 때 바르트 신학은 다음과 같은 치명적인 문제점들을 가지고 있습니다.

앞에서도 누차 강조했지만, 그의 신학은 성경 중심적 신학이 아닙니다. 계시 의존적 사고가 아닙니다. 도리어 관념론 철학에 성경의 옷을 입힌 신학입니다. 성경과 계시를 철저히 구분하는 것부터가 관념론적입니다. "성경은 계시에 대한 증거일 뿐이다"라는 말이 성경 어디에 나옵니까? 계시는 하나님과 인간의 화해의 계시만 있을 뿐이라고 성경이 말하고 있습니까? 그리고 하나님은 예수 그리스도 안에서 모든 인간을 결코 심판하시지 않는 분이라는 말씀이 성경 어디에 나옵니까?

신구약 성경을 연구하다 보면, 하나님의 선택의 차별성에 대한 내용이 성경 곳곳에 나오는 것을 볼 수 있습니다. 성경은 하나님이 야곱은 사랑하고 에서는 미워했다고 기록합니다. 성경은 용서하시는 하나님뿐만 아니라 심판하시는 하나님에 대해서도 동일한 비중으로 증거합니다. 구약만 심판하시는 하나님에 대해 증거하는 것이 아닙니다. 신약도 곳곳에서 이 사실을 증거하고 있습니다. 예수님과 바울의 사역을 보십시오. 바르트는 신약 가운데서도 요한복음 1장만 이야기했지, 요한복음 14-17장에 대한 진지한 탐구는 하지 않았습니다.

이제 바르트의 신학에 대한 글을 맺으려고 합니다. 분명한 사실은, 바르트의 신학이 당대에 전 세계적으로 엄청난 영향을 미쳤다는 것입니다. 오늘날에도 그의 신학은 전 세계 신학계에서 여전히 맹위를 떨치고 있으며, 교회의 설교와 사역에 큰 영향을 미치고 있다는 사실을 부정할 수 없습니다. 그의 신학은 너무 매력적이어서 그만큼 위험한 신학이라고 말할 수밖에 없습니다.

2부

루돌프 불트만

(1884-1976)

Rudolf Karl Bultmann

1.
불트만의 생애

신정통주의(Neo-Orthodox)를 논할 때, 바르트 다음으로 불트만을 언급하는 것에 반대할 사람은 없을 것입니다. 바르트가 교의신학에서 신정통주의를 선도했다면, 불트만은 신약학자로서 이 신학의 발전에 기여했습니다. 바르트와 불트만은 함께 쌍두마차를 끌었지만, 두 사람이 가고자 하는 길은 달랐습니다.

바르트는 계몽주의에 대한 평가에 철저히 비판적이었지만, 불트만은 그들이 묻는 질문에 진지하게 대답하고자 했습니다. 바르트는 역사와 종교에 대한 평가에 있어서 부정적이었지만, 불트만은 긍정적으로 수용하려 했습니다. 바르트와 불트만은 성경을 해석하는 방법도 서로 달랐습니다. 두 사람은 설교에 대한 이해도 달랐습니다. 바르트는 설교를 교회를 위한 봉사로 이해했지만, 불트만은 설교를 인간 실존의 해명을 위한 도구로 삼았습니다.

두 사람이 영향을 받은 철학자도 달랐습니다. 바르트는 이편과 저편을 확실하게 나누는 칸트의 선험철학을 좋아했고, 불트만은 하이데거의 실존 분석을 그의 실존 해석의 틀로 삼았습니다. 두 사람의 정치사상도 달랐습니다. 바르트는 복음과 정치를 분리시키지 않았지만, 불트만은 복음과 정치를 분리시켰습니다. 그리고 바르트가 미래적 종말론을 강조했다면, 불트만은 현재적 종말론을 강조합니다. 두 사람이 글을 쓰는 방식에도 차이가 있습니다. 바르트는 같은 의미를 여러 문장을 덧붙여서 표현하고자 하는 반면에, 불트만의 글은 단순 명료합니다.[1] 우리가 앞서 살펴본 바르트와 마찬가지로 불트만도 자기만의 신학을 창조한 독특한 사상가였습니다.

이제 불트만의 생애를 살펴봅시다. 루돌프 불트만은 독일 북부의 올덴부르크 근처 비펠스테데에서 목사의 아들로 태어났습니다. 올덴부르크 김나지움(독일 중등교육기관)에서 아비투어(독일 대학 입학 자격 시험)를 마치고 튀빙겐 대학, 베를린 대학, 마르부르크 대학에서 신학을 공부합니다. 그는 1916년에 브레슬라우 대학의 교수로 초빙되었고,

---

[1] *Barth Bultmann Bonhoeffer*, 65 ff.

1920년에는 기센 대학으로 옮겨서 교수 생활을 했습니다. 그리고 1921년에는 마르부르크 대학으로 옮겨서 1951년에 정년퇴임할 때까지 교수로 봉직하다가 1976년에 작고했습니다.

불트만 신학의 시원(始原)은 종교개혁의 유산이었습니다. 그는 신학의 토대를 세울 때 종교개혁자 루터의 도움을 많이 받았습니다. 불트만은 루터처럼, 역사적 예수보다는 신앙의 그리스도를 강조합니다. 그는 현대를 살아가는 신앙인들에게 중요한 사실은 실증주의적 방법에 근거한 역사적 예수에 대한 확인이 아니라, 제자들을 통해 선포된 케리그마에 대한 신앙이라고 말합니다. 그는 부활하신 예수님보다는 십자가에 못 박히신 예수님을 강조합니다. 예수님에 대한 역사적 사실을 아는 것보다는 예수님을 믿고 죄 사함을 받는 것이 더 중요하다고 말합니다. 또한 그는 복음의 현재적 적용에 관심을 가집니다.

루터를 아는 사람이라면, 루터가 한 이야기와 불트만이 한 이야기가 비슷하다고 생각할 것입니다. 하지만 불트만은 루터의 신학을 추종하는 것에는 관심이 없습니다. 도리어 자신의 신학을 형성하기 위해 루터를 끌어다 썼다고 볼 수 있습니다. 그의 신학을 형성하는 데 결정적으로 영향을 끼친 사람은 루터가 아니라 철학자 하이데거입니다.

불트만은 마르부르크 대학에서 가르칠 때, 동료 교수인

하이데거에게서 많은 영향을 받았습니다. 하이데거는 인간 실존의 구조를 분석한 철학자입니다. 그의 대표작 『존재와 시간』(*Sein und Zeit*)에서 말한 것처럼, 하이데거는 현존재(Dasein)를 규명하는 데 총력을 기울였습니다. 그는 지금 여기 현실 속에 던져져 있는 내가 본질의 나보다 중요하다고 여긴 철학자입니다. 그는 인간의 실존은 기술 문명의 폐해로 본래 모습을 잃어 간다고 보았으며, 이런 맥락에서 소외(Entfremdung)라는 용어를 사용했습니다. 그리고 이런 기술 사회에서 인간은 본래적 실존('실존'을 의미하는 독일어 'Existenz'는 '밖에 서 있다'는 뜻을 가짐)의 모습을 잃어버리고 대중매체나 소문에 의해 부화뇌동하는 비본래적 실존에 떨어졌다고 말합니다. 그는 인간이 본래적 실존을 되찾는 일은 자기 혼자 힘으로 할 수 없으며, 먼저 하나님 앞에 서서 케리그마의 말씀을 듣고 비본래적 실존으로부터 본래적 실존으로 결단해야 한다고 말합니다. 하지만 불트만은 본래적 실존으로 건너가는 다리는 오직 은혜의 힘으로만 가능하다고 말함으로써 하이데거를 극복하려 했습니다.

불트만은 바르트에 의해 시작된 변증법 신학 운동에 가담합니다. 이미 바르트에서 살펴보았던 것처럼, 변증법 신학 운동의 핵심 개념은 하나님에 대한 개념이며 특히 '전적 타자'라는 개념입니다. 즉 신은 인간과는 다른 전적 타자이므로 인간의 이성으로는 신을 알 수 없습니다. 신을 알려면 오직 신이 알려 주는 계시를 통해서만 알 수 있습니다. 하지만 불트만은 신의 계시는 이 세상 안에서 어떤 접점도 갖지 못하는 계시는 아니라고 말합니다. 이 점에서 그는 바르트와 다르게 말합니다. 불트만은 신은 우리와 아무 관계를 맺지 않는 전적 타자가 아니라, 우리 맞은편에 서 있으면서 우리와 전적으로 다른 분이시라고 말합니다. 우리와 하나님은 모순적이지만 이 모순 안에서 만날 수 있는 접점이 만들어지고 관계가 형성될 수 있다고 보았습니다. 불트만에게 신학의 목적은 인간을 아는 것입니다. 그는 "하나님에 대해 말하는 것은 곧 인간에 대해 말하는 것이다"라고 말하면서, 신학과 인간학이 밀접하게 관계되어 있다는 사실을 강조했습니다.

신약학자인 불트만은 공관복음서에 관심이 있었습니다. 그는 자신의 대표작 『공관복음서 전승사』(*Die Geschichte der synoptischen Tradition*)에서 자유주의자들의 공관복음서 연구 방법에 대해 문제 제기를 합니다. 그리고 자유주의자들의 전유물이 된 역사 비평학적 연구로는 예수님을 올바로 아는 것은 불가능하다고 말합니다. 예수님이 언제 어디에서 태어나 무슨 일을 하다가 어떻게 죽고 다시 살아났다는 역사적 사실을 아는 게 중요한 것이 아니라, 사도들을 통해 선포된 신앙의 그리스도를 알고 선포해야 한다고 강변합니다. 그는 케리그마(설교)는 결국 인간 실존을 이해하도록 돕기 위해 주어진 계시라고 말합니다. 인간이 본래적 실존을 되찾는 길은 케리그마의 선포를 듣고 결단하는 것이라고 말합니다.

불트만은 신약의 해석에도 많은 관심을 표명합니다. 그는 신약은 신화적 세계관에서 기록되었으므로 과학적 세계관이 지배하는 현대에서는 문자 그대로 받아들여질 수 없다고 말합니다. 하지만 그는 자유주의자들처럼 신약의 신화들을 제거하는 것에 대해서는 반대합니다. 대신에 현대를 살아가는 현대인들에게 그런 신화들을 이해시킬 새로운 신학 연구 방법을 제시해야 한다고 주장합니다. 소위 탈신화화(Entmythologisierung)의 방법입니다. 국내에서는 '엔트미토로기시룽'(Entmythologisierung)을 '비신화화'라고 번역하는데 이는 옳지 않은 번역입니다. Entmythologisierung는 Ent(분리)와 Mythologisierung(신화화)의 합성어이기 때문입니다. 신화를 재해석하는 방법이므로 '신화의 재해석 방법'이라고 말해야 하지만, 원어에 충실하기 위해 '탈신화화'라고 번역하겠습니다.

불트만은 오직 신화를 재해석하는 방법으로만 신약의 신화가 현대인들에게 받아들여지고 이해될 수 있다고 말합니다. 그리고 현대인들이 신약을 읽을 때, 신약의 저자들이 신화의 형태(양식)를 통해 전달하고자 하는 의미를 파악하고, 이를 통해 자신의 현존재의 상태를 인식하고 본래적 실존으로 결단해야 한다고 말합니다.

불트만의 주요 저서로는 『공관복음서 전승사』, 『신약신학』(Theologie des Neuen Testaments), 『신약과 신화』(Neues Testament und Mythologie) 등이 있습니다. 그리고 그의 많은 논문들은 『신앙과 이해』(Glauben und Verstehen, Erster Band und Zweiter Band)와 최근에 나온 『신약과 기독교 실존』(Neues Testament und christliche Existenz)에 소개되어 있습니다.

이제 『신앙과 이해』, 『신약과 신화』, 『신약과 기독교 실존』에 나오는 주요 논문을 살펴보면서 불트만의 핵심 사상을 파악하고자 합니다.

2.
주요 논문으로 본 불트만 신학의 핵심 사상

자유주의 신학에 대한 평가

바르트와 마찬가지로 불트만도 자유주의 신학에 대해 비판적 입장을 견지합니다. 변증법 신학 운동이 활발하게 전개되던 시절인 1924년에 그가 쓴 "자유주의 신학과 최근의 신학 운동"(Die liberale Theologie und die jüngste theologische Bewegung)이라는 논문에서 이 사실을 확인할 수 있습니다. 불트만은 자유주의 신학자들의 문제점은 자유주의 신학자들에 의해 파악되기 시작했다는 점을 지적합니다.

> 본질적으로 칼 바르트나 고가르텐으로 특징지어지는 가장 최근의 신학 운동의 논쟁에서, 소위 자유주의 신학에 대해 문제가 되는 것은 자신의 과거로부터 떨어져 나오는 것이 아니라, 그것과

논쟁하는 것이다. 즉 정통의 갱신이 아니라, 자유주의 신학을 통하여 규정된 상황으로부터 생겨난 귀결들을 심사숙고해 보는 것이다. 이런 최근의 신학 운동이 정통의 품에서가 아니라, 자유주의 신학에서 나오게 된 것은 우연이 아니다. 바르트는 옛 마르부르크의 학생이었고, 고가르텐은 하이델베르크의 학생이었으며, 투르나이젠은 양쪽의 학생이었다.[1]

불트만은 자유주의 신학자들의 품에서 자란 바르트가 자유주의를 비판한 이유는 이 신학이 하나님이 아니라 인간에 대해 다루었기 때문이라고 말합니다. 바르트와 마찬가지로 불트만은 신학의 대상은 하나님이시며, 하나님은 인간의 철저한 부정과 지양을 의미한다는 점을 강조합니다. 신학의 대상이 하나님인 신학은 십자가의 도를 그 내용으로 가질 수 있고, 또한 이 십자가의 도는 인간에게 '스캔들'(거침돌)이 된다고 말합니다.[2] 그는 이 논문에서 자유주의 신학을 크게 세 가지 점에서 비판합니다.

첫째, 그는 자유주의 신학의 역사 비평학적 연구 방법에 대해 비판합니다.
불트만은 자유주의 신학은 본질적으로 역사적 관심이라

---

[1] *Glauben und Verstehen, Erster Band*, Die liberale Theologie und die jüngste theologische Bewegung, 1.

[2] Die liberale Theologie und die jüngste theologische Bewegung, 2.

는 선지배(Vorherrschaft, 先支配)를 통해 착수되었다는 점을 지적합니다. 그는 자유주의 신학 연구가들이 역사에 관심을 가짐으로써 본문의 역사상을 밝혀 주었을 뿐만 아니라 비판적으로 보도록 교육시켜 주었고, 자유롭게 본문의 참된 의미를 밝히도록 도와주었다는 점에서 큰 기여를 했다고 말합니다. 하지만 이런 공로에도 불구하고 자유주의 신학자들의 의도는 성공하지 못했다고 지적합니다. 불트만은 이들이 역사 비평학적 방법을 통해 본문을 교의학적 해석 방법에서 해방시키고 진정한 예수상을 파악하려고 시도했지만, 결과적으로는 그저 망상으로 드러났다고 말합니다. 도리어 이 방법을 통해 신앙이 파악하고자 하는 세계가 학문적 인식의 도움으로 파악될 수 없는 세계라는 사실만 증명하게 되었다고 말합니다.

불트만은 자유주의 신학이 당시의 지배적 철학인 독일 관념론의 역사 범신론의 영향을 크게 받고 있다는 점을 지적합니다. 그는 자유주의 신학이 자연 범신론(Natur pantheismus)과 크게 다를 바 없는 역사 범신론(Geschichte pantheismus)의 토대에서 신학을 하고 있다고 비판합니다. 자연 범신론은 신적인 것이 모든 자연을 통해 드러난다고 보며, 역사 범신론은 신적인 것이 역사를 통해 드러난다고 봅니다. 그는 자연 범신론이 인간으로 하여금 하나님을 인식할 수 있는 하나의 대상으로, 하나의 크기로 보게 만들어서 결국은 인간을 신격화하는 것처럼, 역사 범신론도 이와 동일한 잘못을 범하고 있다고 말합니다. 그는 바르트와 고가르텐이 직접적인 신 인식은 없고 하나님은 여러 대상 가운데 하나의 대상이 아니라고 말하며 자유주의 신학을 비판했던 점을 상기시키면서 자신도 그 입장을 견지한다고 말합니다.

불트만은 자유주의 신학의 역사 이해에서 또 다른 잘못을 지적합니다. 그는 자유주의 신학이 모든 역사적인 것은 하나의 큰 관계의 연관 내에서 저마다의 크기들(Größen innerhalb eines großen Relationszusammenhangs)을 가진다고 말하며, 이런 연관 내에 서 있지 않는 것은 무엇이라도 절대적 효력을 주장할 수 없게 만들었고, 결국 역사적 예수도 다른 사람들 가운데 하나의 현상일 뿐이지 절대적 크기가 되지 못하게 만들었다고 비판합니다.[3] 그는 이로 인해 자유주의 신학은 기독교를 세계 내적인 사회 심리학적 법칙 아래에 던져져 있는 현상으로 파악하고, 바로 이런 관계의 연관 속에서 하나님의 계시가 역사 안에서 지각될 수 있다고 믿는 실수를 저질렀다고 지적합니다.[4]

불트만은 자유주의 신학이 역사 범신론의 영향을 가볍게 받은 정도가 아니라, 역사 범신론의 틀 속에 있다고 강

---

3 같은 책, 4.
4 같은 책, 5.

변합니다.[5] 그리고 자유주의 신학에서 두드러진 역사 철학은 관념론적이고 심리학적인 역사 고찰이었으며, 역사적 힘들은 자연의 힘들의 유비에 의해 생각되었던 정신의 힘들로 파악되었다고 말합니다. 그는 이런 힘들 속에 역사의 의미와 신성이 놓여 있으며, 하나님은 이런 힘들을 담지한 자들의 인격 안에 자신을 계시한다고 말합니다. 그리고 예수님도 이런 의미에서 한 인격으로서 계시의 담지자라고 말합니다. 그는 이로 인해 정통주의 신학에서 강조해 왔던 구원사(Heilsgeschichte)는 설 자리를 잃게 되었고, 인간은 역사적 현상의 연관의 증명 안에서 신적인 힘들을 파악하게 되었다고 말합니다. 그로 인해 기독교라는 현상의 역사적 필연성의 증명이—즉 기독교가 역사 안에 왜 나타나야 했는가를 증명하는 것이—그의 최상의 변증으로 유효하게 되었다고 말합니다.[6]

불트만은 자유주의 신학이 강조하는 역사적 연관성과 역사적 힘들을 통해 어떤 결과가 초래되는지에 대해 다음과 같이 말합니다.

> 사실 여기(역사적 연관성과 역사적 힘들)에서도 인간만이 신격화된다. 인간적인 힘들은 소위 신적인 힘들이기 때문이다. 여기에서

---

5 같은 책, 6.
6 같은 책, 7.

도 다시 신적인 것을 직접적으로 인식하려는 시도가 있다. 여기에서도 신성을 하나의 대상으로 파악하려는 시도가 있다.[7]

그는 바르트와 고가르텐이 이렇게 인간을 신격화하고 직접적인 신 인식을 추구하는 모든 신학에 저항했다고 말합니다. 그리고 하나님의 말씀은 인간의 전체 존재에 대한 심판이므로, 자유주의 신학의 역사 범신론적 고찰의 걸림돌이 될 수밖에 없다고 말합니다.[8] 그는 바르트가 『로마서』에서 말했던 것처럼, 하나님은 역사를 통해 인식할 수 없는 분이심을 분명히 말합니다.

둘째, 그는 자유주의 신학은 우리의 직업 활동이 예배라는 생각을 가지고 있다고 비판합니다.

불트만은 자유주의 신학의 또 하나의 강조점인 직업(Beruf) 사상이 가진 문제점을 지적합니다. 그는 자유주의 신학자들 가운데 특히 리츨이 강조했던 직업 사상을 언급하며, 이들이 하나님께 드리는 예배와 직업 활동을 동일시하는 것에 대해 비판합니다. 그는 자유주의 신학자들이 직업 활동은 예배라고 주장하며 루터에게 호소하지만, 그들의 주장은 루터의 주장과는 다르다고 말합니다. 불트만은 하나님

---

7 같은 책, 8.
8 같은 책, 8.

은 전적으로 저편의 분이시며, 우리가 직업에 대해 신뢰하는 것과 더불어 우리 전체를 문제시하는 분이시라고 말합니다. 그러므로 우리는 직업을 예배로 말하기 전에, 하나님의 말씀은 나에게 걸림돌이 되는 말씀이라는 사실, 그리고 세계는 죄 안에 놓여 있다는 사실, 세계 안에 있는 인간은 예배의 성격을 지닌 것은 아무것도 할 수 없다는 사실을 주지해야 한다고 말합니다.[9]

불트만은 자유주의 신학이 실천적인 삶에 대해 가지는 태도에 대해서도 지적합니다. 그는 자유주의 신학자들은 신앙으로부터 규정된 이상들로부터 세계 내적 행동들이 유도될 수 있다고 여기고, 하나님 나라의—즉 사랑의 나라의—기독교적 사상들이 세계 안에서 하는 우리의 행동을 규정하고 목적을 정하며 길을 제시하는 것으로서 규범화될 수 있다고 믿으며, 그리고 이런 생각을 "하나님 나라의 일, 이 땅 위에서 하나님의 포도원, 기독교 사회주의, 기독교 평화주의"의 형태로 표출한다고 말하면서 이 신학을 비판합니다.

불트만은 만일 우리가 이런 것들을 '하나님의 나라'라고 알고 있다면, 십자가의 '걸림돌'이 무엇인지 모르는 것이라고 지적합니다. 즉 인간은 직접적으로 하나님과 하나

---

9 같은 책, 13-14.

님의 나라에 관계되는 어떤 행동도 할 수 없다고 말하는 것입니다. 그는 인간적인 모든 공동체적 삶의 형식은 가장 나쁘거나 혹은 가장 이상적이라 하더라도 똑같은 방식으로 하나님의 심판 아래에 놓여 있다고 주장합니다.[10]

셋째, 그는 하나님은 자유주의 신학이 말하는 바처럼 하나의 대상이 아니라고 분명히 말합니다.

❶ 하나님은 대상이 아니다

불트만은 자유주의 신학의 근저에 놓여 있는 근본사상은, 바로 하나님을 대상으로 보는 점이라고 말하며, "하나님은 대상이 아니다"(Gott ist nicht eine Gegebenheit)라고 분명히 말합니다. 그리고 자유주의 신학자들이 하나님을 직접적인 인식이 가능한 하나의 대상으로 여긴다고 비판하면서, 인간은 하나님이 자신을 드러내실 때만 그분을 아는 것이 가능하다고 말합니다. 그는 그분의 계시는 구체적인 인간을 향해 사건으로 일어날 때만 파악될 수 있고, 이성 인식의 의미에서는 결코 인식될 수 없다고 말합니다.

그는 하나님은 관념 철학이 말하는 바와 같은 지양하지 않은 것(Unaufgegebene) 혹은 주어지지 않은 것(Ungegebene)

---
10 같은 책, 15.

이 결코 아니며, 또한 하나님은 인류 안에 이성의 계시 과정에서 현실화되는 인간적인 이성의 삶의 근저에 있는 로고스 안에서 활동하시는 분도 아니라고 말합니다. 그리고 하나님을 대상으로 보는 것은 결국 인간의 신격화를 의미할 수 있다고 말합니다. 그는 하나님은 인간의 전적인 지양, 인간의 부정, 인간을 문제시함, 인간을 위한 심판을 의미한다고 강변합니다.[11]

불트만은 하나님에 대한 우리의 인식이나 하나님에 대한 표현의 적합성에 대한 질문은 중요하지 않다고 말합니다. 그는 우리에게 중요한 것은 "하나님이 인간을 위해 무엇을 의미하는가?"에 대한 질문이라고 말합니다. 그리고 "하나님 사상이 실제로 파악되는 곳에서는 인간이 철저히 문제시된다(Infragestellung)는 것을 의미한다"고 대답합니다. 그는 하나님이 인간을 문제시한다는 말은, 회의도 아니고 염세주의도 아니며, 나쁨이나 유감에 대한 인상을 주면서 세상에 대해 절망하는 것도 아니라고 말합니다. 도리어 인간은, 그가 알든 모르든 간에 그 자체로 전체가 하나님에 의해 문제시된다고 말합니다. 그리고 인간의 근본 죄(Grund sünde)는 도덕적 허물이 아니라, 인간으로서 자기를 주장하고자 하는 의지라고 말합니다.[12] 그는 계속하여 구원

---

11 같은 책, 18.
12 같은 책, 19.

에 대한 입장을 피력합니다.

❷ 구원과 신앙

불트만은 인간이 어떻게 구원받을 수 있는지에 대해 언급합니다. 그는 인간이 구원받기 위해서는 자신이 하나님의 심판 아래 놓여 있다는 사실을 알아야 한다고 말합니다. 왜냐하면 이런 심판에 대해 안다는 것은 그 심판을 은혜로 안다는 것을 의미하기 때문이라고 말합니다. 그는 구속에 대해서도 언급합니다. 인간이 자기 자신으로부터 자유롭게 된다는 사실이 구속이라고 말합니다. 이것은 정통 신학에서 죄와 죽음과 마귀로부터 자유롭게 되는 것이 구속이라고 말하는 것과는 전적으로 다른 해석입니다.

불트만은 신앙에 대해서도 언급합니다. 그는 신앙은 인간에게서 나올 수 있는 것이 아니고, 하나님의 말씀에 대한 대답이며, 그 말씀 안에서 하나님은 인간에게 심판과 은혜로 설교된다고 말합니다.[13] 또한 신앙은 인간 스스로의 노력이 아니라 하나님의 창조 사역으로 말미암아 인간 안에 생겨난다고 말합니다. 그는 인간 안에 신앙이 창조될 때, 그 신앙은 인간이 하나님의 말씀에 순종하도록 준비시킨다고 말합니다. 그러므로 신자는 하나님에 의해 변화된 인

---

13 같은 책, 19-20.

간이고, 하나님에 의해 죽임을 당하고 깨어난 인간이지, 결코 자연인이 아니라고 말합니다. 그는 신앙은 결코 자명한 것이나 자연적인 것이 아니라 기적적인 것이라고 말합니다. 하나님이 아버지라는 사실, 인간이 하나님의 아들이라는 사실은 인간이 결코 직접적으로 얻을 수 있는 통찰이 아니라 단지 하나님의 기적적인 행위로 거듭거듭 일어나는 것이며, 그 사실이 실제로 믿어지게 되는 것이라고 말합니다.

불트만은 자유주의 신학이 십자가와 그리스도를 '성례'(sacramentum)가 아니라 '모범'(exemplum)으로 이해했다고 비판합니다.[14] 이는 자유주의 신학자들이 성도들에게 하나님이 예수님의 십자가를 통해 이루신 죄 용서와 같은 선물을 믿음으로 받아들이라고 가르치지 않고, 예수님을 본받아 하나님과 이웃을 사랑해야 한다고 가르쳤기 때문입니다.

❸ 칭의

불트만은 칭의에 대해서도 언급합니다. 그는 신앙이란 단한 번의 실행으로 칭의가 끝나 버리게 만드는 그런 행위가 아니며, 또한 심판과 은혜, 죄와 용서가 인간의 삶에서 교환

---

14 같은 책, 20-21.

될 정도로 반복될 수 있는 행위도 결코 아니라고 말합니다. 그는 자신을 죄인으로 아는 인간만이 은혜가 무엇인지 알고, 자신이 하나님 앞에 서 있는 한에서만 자신을 죄인으로 안다고 말합니다. 그는 은혜를 알 때 죄도 알 수 있다는 사실을 강조하면서, 하나님의 심판과 은혜를 하나로(in einem) 보는 시각이 신앙의 본질을 이룬다고 말합니다. 그리고 죄인을 위해 나타나는 은혜 외에 다른 어떤 은혜가 없고, 심판 안에서 나타나는 은혜 외에 다른 어떤 은혜가 없다고 말합니다.

그는 자연이나 역사를 통해 나타나는 일반 은총의 은혜를 부정합니다. 결국 그는 심판이 은혜가 되고, 은혜가 심판이 된다고 말하는 것입니다. 그는 인간이 죄에 대해 의미 있게 말할 수 있는 만큼, 하나님 앞에서 자신을 볼 때 그만큼 은혜에 대해서도 말할 수 있다고 주장합니다. 그리고 이것은 반복되는 일이지, 죄인과 의인이 단번에 결정되는 일은 결코 없다고 말합니다.

그는 루터가 그리스도인은 '의인이면서 동시에 죄인'이라고 말한 것과 비슷하게 말합니다. "왜냐하면 항상(immer) 인간은 죄인으로 머문다. 항상(immer) 그는 하나님의 판단 안에서 의인이다."[15] 하지만 이것은 루터의 칭의론과는 다

---

15 같은 책, 23.

릅니다. 루터는 그리스도의 의의 전가를 통해 칭의가 단회적으로 일어나고 하나님 앞에서 실제로 의인으로 인정된다고 주장합니다. 불트만은 칭의는 이편의 인간 자질의 변화(Qualitätsveränderung)가 아니라 항상 단지 저편으로서 하나님의 판단 안에 서 있는 것이라고 말하며, 가톨릭적 칭의 이해도 비판합니다. 그는 자신의 이런 칭의 이해는 바르트와 같은 입장으로, 모든 신비주의와 선을 긋는 이해라고 주장합니다. 그리고 신비주의 역시 하나님을 대상의 저편에서 찾고자 한다는 점과, 자연적 세계의 저편에서뿐만 아니라 정신적 삶의 저편에서도 찾고자 한다는 점에서 일치하지만 이편을 없애 버리기 때문에 잘못되었다고 말합니다.[16] 불트만은 죄인과 의인에 대한 주장을 다음과 같이 요약합니다.

> 죄인만이 의인이다. 이 말은 자신의 과거, 현재, 미래의 전체 짐을 짊어지는 구체적인 인간이 의인이라는 뜻이다. 자신의 짐 안에서 그는 하나님의 심판 아래에 있다. 그리고 그 짐으로부터 빠져나오기를 원한다는 것은 하나님의 심판으로부터 도망쳐 나오려 한다는 것을 의미할 것이고, 은혜에 대해 아직 아무것도 알지 못한다는 것을 의미할 것이다.[17]

---

16 같은 책, 24.
17 같은 책, 24-25.

신앙에 대한 불트만의 이해를 계속해서 살펴봅시다. 그는 신앙을 설명하는 것이 신학이라고 말합니다. 그런데 이 신앙은 한 인간이, 한 신학자가 실제로 취할 수 있는 어떤 관점이 아니라, 도리어 이 신앙은 항상 단지 실제적으로 하나님의 행위로서 실행되고, 인간으로부터 볼 때는 모든 관점을 버리는 것이라고 말합니다. 그는 신앙은 역설적으로 "주여, 믿습니다. 저의 불신앙을 도와주소서!"라고 외치는 것이라고 말합니다. 하지만 우리가 어떻게 모든 신학적 관점을 버리고 신앙을 가질 수 있는지에 대한 의문은 떨쳐 버릴 수 없습니다.[18]

❹ 변증법 신학

불트만은 바르트의 변증법 신학의 주장을 열거하면서 자신의 신학적 입장을 표명합니다. 그는 자신과 바르트의 변증법 신학이 기존 신학에 어떤 이의를 제기했는지에 대해 말합니다. 그는 변증법 신학은 신앙을 (슐라이어마허가 말하는 바처럼) 의식의 상태로 보지 않기 때문에 모든 체험 종교(죄의 감정, 감동 등)에 대해 이의를 제기한다고 말합니다. 그리고 이 변증법 신학은 신앙 안에서 하나님을 통해 전인을 문제시하고 의인을 새 인간으로서 인정하도록 가르치며,

---

18 같은 책, 25.

종교에 속한 모든 것은 인간에게—즉 인간 안에 선재해 있는 것, 그 자체가 거듭거듭 인간에게—의심될 수 있고 또 의심되어야 하는 선재라고 가르친다고 말합니다.[19] 이 신학은 이런 이유 때문에 신앙은 한 번에 완성될 수 있는 어떤 행위(Akt)가 아니라고 주장합니다. 그는 변증법 신학의 핵심 문장을 다음과 같이 요약합니다.

> 신학의 대상은 정말로 하나님이시다. 신학은 인간에 대해 말하면서—그가 하나님 앞에 어떻게 세워져 있는지에 대해 말하면서—따라서 신앙으로부터 하나님에 대해 말한다.[20]

그는 새롭게 시작된 변증법 신학 운동이 자유주의 신학의 어떤 점을 비판하는지, 그리고 변증법 신학의 특징이 무엇인지를 이 논문에서 잘 밝히고 있습니다. 우리는 그의 생각을 다음 논문에서 좀 더 자세히 파악할 수 있습니다.

하나님에 대해 말한다는 것은 무엇을 의미하는가?

불트만이 변증법 신학 운동에 적극적으로 뛰어들던 1925년에 쓴 가장 대표적인 논문은 "하나님에 대해 말한다는

---

19 같은 책, 22-23.
20 같은 책, 25.

것은 무엇을 의미하는가?"(Welchen Sinn hat es, von Gott zu reden?)입니다.[21] 얼핏 제목만 보면, 그가 바르트와 비슷하게 인간이 아니라 하나님에 대해 말하려 한다고 생각할 수 있습니다. 하지만 불트만은 하나님을 아는 것보다는 인간을 아는 것이 더 중요하다고 생각합니다. 자유주의 신학자들이 말하는 세계에 대한 이해나, 바르트가 말하는 하나님에 대한 이해보다는 나의 실존에 대한 이해를 더 중요하게 여깁니다. 현재 실존의 위기에 떨어져 있는 내가 중심입니다. 그는 신학은 본래의 나를 찾기 위해 존재해야 한다고 말합니다. 그래서 다음과 같은 전제에서 시작합니다. "우리가 하나님에 대해 말하고자 한다면, 자기 자신에 대해 분명히 말해야 한다."[22]

불트만의 신학에서는 나 자신의 실존이 중심입니다. 신에 대해 말하는 이유는, 나 자신에 대해 말하기 위해서입니다. 그는 바르트가 말하는 '전적 타자로서의 하나님' 개념도 나와 전혀 관계없는 분이라는 의미에서 말해서는 안 되며, 하나님은 나 자신 밖에 계시지만 내가 하나님을 찾기 위해 나 자신 밖으로 도피해야 할 대상으로 해석하지 말아야 한다고 주장합니다. 그는 '전적 타자'라는 말도 하

---

21 *Glauben und Verstehen*, *Erster Band*, Welchen Sinn hat es, von Gott zu reden?, 26-37.

22 Welchen Sinn hat es, von Gott zu reden?, 28.

나님이 전적 타자로서 죄인인 나와 마주 서는 경우에 의미를 가지며, 인간의 실제적 상황이 하나님에 대해 말하고 싶지만 말할 수 없는 죄인의 상황임을 알 경우에 의미를 가진다고 말합니다. 즉, 나의 실존의 한계 상황을 맞이하면서 나의 문제를 해결하기 위해 나와 전혀 다른 하나님을 찾을 때만 의미를 갖는다는 것입니다.

불트만은 우리의 실존에 대해 두 가지 분명한 사실이 있다고 말합니다. 하나는 우리가 스스로를 위한 염려와 책임을 가지고 있다는 사실이고, 다른 하나는 우리의 실존이 절대적으로 불안전하지만 우리가 그것을 안전하게 할 수 없다는 사실입니다. 즉 우리의 실존이 안전하려면, 우리는 우리의 실존 밖에 서 있어야 하고 하나님 자신이 되어야 하는데 그렇지 못하다는 것입니다.

그는 우리 인간이 곤경에 처한 이유는, 우리가 하나님에 대해 말할 수 없기 때문에 우리의 실존에 대해 말할 수 없고, 우리가 우리의 실존에 대해 말할 수 없기 때문에 하나님에 대해 말할 수 없다는 사실 때문이라고 진단합니다. 그는 우리가 하나님으로부터(aus Gott), 하나님에 대해(von Gott) 말할 수 있다면, 우리의 실존에 대해서도 말할 수 있을 것이며, 그 반대도 성립할 것이라고 말합니다. 어쨌든, 하나님에 대한 말(Reden, 언사)이 어떻게 가능해질 수 있는지에 대한 질문을 받는다면, 우리에 대한 말로서만 대답되

어야 한다는 것입니다.[23]

불트만은 앞서 "자유주의 신학과 최근의 신학 운동"에서 언급했던 '신앙'에 대해 또다시 언급합니다. 그는 신앙은 우리가 제정하여 자의적으로 수용해야 하는 것이 아니라, '순종'(Gehorsam)이고 '마땅히 해야 함'(Müssen)이라고 말합니다. 하지만 이런 신앙 이해는 종교개혁자들의 신앙 이해를 전복하는 것입니다. 종교개혁자들에게 신앙은 약속의 말씀에 대해 승인하는 것이고, 하나님을 마음으로 신뢰하는 것입니다. 그리고 이 신앙으로부터 선한 행위가 나온다고 봅니다. 이것은 루터가 『그리스도인의 자유』(*Von der Freiheit eines Christenmenschen*)에서 요약하고 있는 신앙의 내용입니다. 그러나 불트만은 루터의 신학을 추종하는 것처럼 말하면서도, 신앙을 '순종' 혹은 '마땅히 해야 함'으로 이해하여 그저 행위로 만들고 있습니다. 그는 신앙은 우리에 대한 하나님의 행위의 긍정만, 그리고 우리를 향한 하나님의 말씀에 대한 대답의 행위만 될 수 있다고 말합니다.[24]

불트만은 이제 신 인식론으로 넘어가서 우리가 하나님을 어떻게 이해해야 하는지에 대해 말합니다. 그는 하나님은 하나의 대상이 아니므로, 하나의 대상을 조사하듯이 해서는 그분을 알 수 없다고 말합니다. 그러면 불트만은 정통

---

23 같은 책, 33.
24 같은 책, 36.

주의자들처럼 하나님의 계시에 의해 그분을 알 수 있다고 말하는 것입니까? 아닙니다. 그는 우리의 실존을 이해하는 것이 곧 하나님을 이해하는 것이라고 말합니다. 그 이유가 무엇일까요? 우리의 실존이 하나님 안에 근거되어 있으며 하나님 밖에 있지 않다는 전제에서 시작하기 때문입니다. 그는 우리의 실존을 이해하는 것(Erfassung unsere Existenz)이 하나님을 이해하는 것(Erfassung Gottes)이라고 말합니다.[25]

우리의 실존을 이해하기 위해 불트만이 하이데거의 철학으로부터 도움을 받았다는 것은 잘 알려진 사실입니다. 그는 하나님이 하나의 일반적인 법칙이나 원리나 대상이 아니라면, 우리는 단지 그분이 우리에게 말씀하시고 그분이 우리에게 행동하시는 사건 속에서만 그분에 대해 명백히 파악할 수 있다고 말합니다. 즉, 성경이라는 객관적 계시나 자연만물을 통한 일반계시를 통해서가 아니라, 우리에게 직접 말씀하시고 직접 행동하시는 계시를 통해 자신을 알려 주신다는 것입니다. 여기서 말하는 '우리'는 지금 하나님 앞에서 실존적 고통을 겪고 있는 개별 인간을 말합니다.

불트만은 하나님이 실존적 고통에 처한 우리에게 하신 말씀으로만, 하나님이 우리에게 나타내신 행위로만 그분에

---

25 같은 책, 37.

대해 말할 수 있다고 말합니다. 그러면 하나님이 우리에게 주시는 말씀의 의미, 행동의 의미는 무엇일까요? 즉 하나님은 우리에게 무엇을 말씀하시기 위해서, 그리고 우리가 어떤 행동을 하도록 하기 위해서 이런 말씀을 주시고 행동하시는 것일까요? 그는 다음과 같이 말합니다.

> 우리에 대한 이러한 하나님의 말씀의 의미와 이러한 하나님의 행동의 의미는 하나님이 우리에게 실존을 주시면서 우리를 죄인에서 의인으로 만들어 주시고 우리의 죄를 용서해 주시면서 우리를 의롭게 한다는 의미일 것이다.[26]

불트만은 이것은 하나님이 우리의 이런저런 쉽고 무거운 죄들을 봐주신다는 의미가 아니라, 우리에게 하나님으로부터(aus Gott) 말하고 행동할 자유를 주신다는 의미라고 말합니다. 또한 우리에게 영감을 주신다든지 우리가 황홀경을 체험하거나 기적을 행하도록 만들어 주신다는 뜻이 아니라, 도리어 그분에게서 분리되어 있고 단지 그분에 대해서만 말하고 물을 수 있는 우리를 의롭다고 인정해 주신다는 뜻이라고 말합니다.[27] 그는 이것을 우리에게 특별한 자질이 흘러들어 와서 우리가 특별한 것을 행하거나, 혹은

---

26 같은 책, 36.
27 같은 책, 36.

인간적인 종류의 말이 아닌 특별한 말을 할 정도로 특별한 것이 확인될 수 있다는 뜻으로 이해해서는 안 된다고 말합니다. 그 이유는 우리 인간 편에서는 인간적인 종류가 아닌 어떤 것도 말하거나 행할 수 없기 때문이고, 우리의 모든 말과 행위가 우리를 하나님에게서 분리시키는 저주에서 해방되었기 때문이라고 분명하게 말합니다.[28]

불트만은 그런 언행이 우리로부터 착수되는 한 그것은 항상 죄이지만, 그것이 죄의 행위로서 의로운 이유는 그것이 은혜로 의롭게 되기 때문이라고 말합니다. 그는 우리는 결코 하나님에 대해 알지 못하고, 우리 자신의 현실에 대해 알지 못하는데, 단지 하나님의 은혜에 대한 신앙 안에서만 이 둘을 가질 수 있다고 말합니다.[29] 여기서 중요한 점은, 우리는 하나님이 어떤 분이신지 알지 못하고, 하나님의 뜻을 알지 못한 채로 행동하지만―즉 죄인으로서 말하고 행동하지만―하나님의 은혜에 대한 믿음으로 우리가 의인으로 인정된다는 것입니다. 하지만 이런 주장은 정통 신학의 입장과는 완전히 다릅니다. 정통 신학에서는 하나님의 심판은 율법을 통해 계시되고 하나님의 은혜는 복음을 통해 계시되므로, 우리가 율법을 통해 자신의 죄를 깨닫고 복음을 믿음으로 의롭게 된다고 가르치기 때문입니다.

---

28 같은 책, 36-37.
29 같은 책, 37.

불트만은 하나님의 말씀이 어떻게 세상에 들어오는지에 대해서도 언급합니다. 그는 정통주의자들이 말하는 것처럼 성경 계시를 통해 하나님의 말씀이 세상에 들어온다고 말하지 않습니다. 그는 이렇게 말합니다. "완전히 우발적으로, 완전히 우연적으로, 완전히 하나의 사건으로서 말씀은 우리의 세계로 들어온다. 그에 근거하여 믿어질 수 있는 어떤 보증도 없다. 바울이든 아니면 루터든 어떤 부르심이라도, 다른 사람들의 신앙 위로 자리를 잡을 수 없다."[30] 불트만의 말을 계속 들어 봅시다.

> 정말이지 우리 자신을 위해서는 신앙은 우리로 하여금 그리로 향하게 하는 어떤 관점도 될 수 없으며, 신앙은 항상 새로운 행위이고 새로운 순종이다. 우리가 인간으로서 우리를 둘러보고 물을 때마다 항상 불확실하다. 우리가 그분에 대해 성찰하고 그분에 대해 말할 때마다 항상 불확실하다. 단지 항상 행위로서, 죄를 용서하시는 하나님의 은혜에 대한 신앙으로서만 확실할 뿐이다.…우리의 모든 행위와 말은 죄 용서의 은혜 아래서만 의미가 있다. 그리고 그 은혜는 우리 마음대로 못한다. 우리는 단지 그 은혜에 대해 믿을 수만 있다.[31]

---

30 같은 책, 37.
31 같은 책, 37.

불트만의 말에 따르면, 그리스도인은 "나는 어떤 사실을 믿는다"는 식으로, 즉 정언 문장으로 표현할 수 없습니다. 그는 신앙은 새로운 현실을 맞이하고 이 새로운 현실을 은혜의 현실로 받아들일 수 있을 뿐이라고 합니다. 이것은 종교개혁자들이 성경 계시를 믿는 것이 신앙이고, 약속에 대해 믿는 것이 신앙이라고 말한 것과는 전혀 다른 정의입니다. 신앙은 계시에 매여 있고, 약속에 매여 이해되어야지 불확실한 것을 믿는다는 것 자체가 저는 이해되지 않습니다. 하지만 이것이 바로 불트만과 바르트를 비롯한 변증법 신학자들의 신앙관이었습니다.

불트만은 이렇게 말합니다. "이런 말도 하나님에 대한 말이며, 하나님이 계시다면 그 말 자체로 죄다. 그리고 하나님이 계시지 않는다면 의미가 없다. 그것이 의미로 가득 차 있고 그것이 정당한지 그렇지 않은지는 우리 가운데 어느 누구에게도 서 있지 않다."[32] 즉, 하나님에 대해 말하는 것도 죄이고, 하나님에 대해 말하지 않는 것도 죄라는 것입니다. 단지 우리의 실존 상황 아래에서—즉 우리 자신의 한계에서—하나님에 대해 말할 때 하나님이 우리를 받아 주시고 의인으로 인정해 주신다는 것입니다. 즉 우리가 하나님에 대해 부정하지 않으며, 그분에 대한 정답을 말하지는

---

32 같은 책, 37.

못해도, 자신이 알 수 있는 한도 내에서 말하는 것을 보고 하나님이 우리를 받아 주신다는 뜻입니다.

그는 다음의 논문에서 이런 생각을 더욱 분명하게 드러냅니다.

신약학을 위한 변증법 신학의 중요성

신약학자인 불트만은 신약을 어떻게 해석하는 것이 가장 적합할지에 대해 고민합니다. 그는 1928년에 발표한 논문 "신약학을 위한 변증법 신학의 중요성"(Die Bedeutung der "dialektischen Theologie" für die neutestamentliche Wissenschaft)을 통해 변증법 신학의 관점에서 신약을 해석하려고 합니다. 그는 신약 본문은 정통주의자들처럼 교리적으로 해석하면 안 되고, 관념론자들처럼 추론적으로 해석해서도 안 되며, 자유주의자들처럼 역사 비평적으로 해석해서도 안 되고, 오로지 변증법적으로 해석해야 한다고 주장합니다. 그는 변증법 신학이 무엇이고 이 신학이 신약학에 어떻게 기여할 수 있는지를 이 논문에 밝힙니다.

불트만은 먼저 변증법 신학은 하나의 시스템, 혹은 도그마를 만드는 신학이 아니라고 분명히 말합니다.[33] 예를

---

[33] *Glauben und Verstehen*, *Erster Band*, Die Bedeutung der "dialektischen Theologie" für die neutestamentliche Wissenschaft, 114.

들어, 그는 "하나님은 인간이 아니시고, 인간은 하나님이 아니다"라는 문장은 전혀 신학적인 문장이 아니라고 말합니다. 개별적인 인간과 그때그때 정해진 관계를 맺는 하나님에 대해 말하지 않고, "일반적인 인간(Menschen überhaupt)과 구분되는 일반적인 하나님(Gott überhaupt)에 대해" 말하고 있기 때문이라고 주장합니다. 즉 신학적 문장은 "하나님 개념이나 계시 개념"에 대한 문장이 아니라, "하나님과 그분의 계시"에 대한 문장이라고 말합니다.

그는 변증법 신학은 자유주의자들의 역사적 방법을 대체하는 하나의 연구 방법이 아니며, 변증법 신학에서 말하는 변증법이란 용어도 희랍인들이 사용하던 대화술처럼 정(正), 반(反), 합(合)의 방식으로 결론을 도출하는 그런 변증법과는 분명히 다르다고 말합니다.[34]

불트만은 새로운 신학 운동으로서 변증법 신학이 말하는 변증법은 다음과 같은 의미를 가진다고 말합니다. 변증법의 진리 사상은 문장의 진리(Satzwahrheit, 명제진리)를 통해서가 아니라, 현실의 진리(Wahrheit der Wirklichkeit)를 통해 규정된다고 말합니다. 즉 하나의 신학적 문장이 참이 되는 것은, 진리의 무시간적 원리(ein zeitloses Prinzip)를 통해 근거를 갖기 때문이 아니라, 그때그때 구체적인 상황의 물음

---

34 Die Bedeutung der "dialektischen Theologie" für die neutestamentliche Wissenschaft, 115.

에 대답을 주기 때문이라고 말합니다. 그는 신학적 문장이 진리가 되는 이유는, 그 문장이 무시간적으로 효력 있는 진리라서가 아니라 시간적인 언사의 진리이기 때문이며, 구체적인 상황과 동떨어져서 말해진 것이 아니라 진리의 물음 아래에서 말해진 것이기 때문이라고 말합니다.[35] 불트만은 신학적 문장의 예를 다음과 같이 표현합니다.

> '하나님은 죄인에게 은혜로우시다'라는 신학적 문장은 일반적인 하나님에 대한 무언가를 말하는 것이 아니라, 도리어 현실적인(wirklich, '실제적인'으로도 번역됨) 하나님이 현실적인 죄인인 나와 너에게 현실적으로 은혜로우시다는 것을 말한다.[36]

불트만은 하나님이 나에게 실제로 은혜로우시다는 것은 내가 하나님의 은혜와 하나님의 영원한 본질이 아니라 도리어 그분의 구체적인 행위나 말에 대해 말할 수 있다는 사실을 보여 주고 말할 때, 내가 단지 알 수 있는 것만 알고 말할 수 있다는 것을 포함한다고 말합니다. 그는 더 나아가, 우리는 이런 은혜에 대해 말할 때, 항상 하나님의 이런 행위와 말의 관련 속에서만 말할 수 있다고 주장합니다. 하지만 그는 이런 하나님의 행위와 말이 하나님이 내게 영원

---

35 같은 책, 116.
36 같은 책, 116-117.

히 은혜로우시다는 사실로 이해되어 그분의 행위를 과거의 사실로, 그분의 말을 무시간적인 가르침으로 만드는 계기로 삼아서는 안 되며, 도리어 그분의 행위는 항상 현실적이고 그분의 말은 항상 말을 걸어옴(Anrede)으로 이해해야 한다고 말합니다.[37]

불트만은 계속하여 하나님의 은혜의 개념은 변증법 개념(ein dialektischer)이라는 사실을 강조합니다. 즉 그것은 본래적으로 은혜의 개념이 아니라, '하나님이 나에게 은혜로우시다'는 문장이라고 말합니다. 그는 또한 변증법적 문장이라고 말할 때, 그 문장은 죄인을 향한 하나님의 진노에 대한 문장의 상응을 통해 보충되고 규정된다는 의미에서가 아니라, 도리어 한 단어로 즉 역사적인 문장으로서(als geschichtlicher) 변증법적 문장이라고 말합니다. 왜냐하면 하나님의 은혜에 대한 지식은 무시간적 진리에 대한 지식이나 과거의 사실에 대한 지식이 아니라, 하나님의 은혜 행위를 파악하는(ergreifen) 것을 의미하기 때문이라고 말합니다.

그는 신학적인 인식이나 지식이 왜 변증법적 성격을 가져야 하는지에 대해서도 말합니다. 그는 신학이 하나님에 대해 추론하거나 하나님 개념에 대해 말하지 않고 실제적인 하나님에 대해 말해야 한다면, 신학은 하나님에 대해 말

---

[37] 같은 책, 116-117.

하면서 그와 동시에 인간에 대해 말해야 한다고 강변합니다. 또한 신학은 신학적 진술을 할 때, 인간에 대해 정해진 한 이해를 전제한다고 말합니다.[38] 즉, 지금 여기에 있는 인간을 알아야만 지금 여기에 있는 인간에게 은혜로우신 하나님도 알 수 있다는 것입니다.

그러면 우리는 인간을 어떻게 알 수 있을까요? 불트만은 우리가 인간의 현존을 역사적으로(geschichtlich) 칭하게 될 때, 좀 더 정확히 이해할 수 있다고 말합니다. 그는 우리가 인간적인 존재의 역사성(geschichtlichkeit) 아래에서만 그분의 존재(Sein)가 존재할 수 있음(Sein-Können)을 이해할 수 있다고 말합니다. 즉 인간의 존재는 그때그때 삶의 구체적인 상황에서 위험에 직면하여 결단을 통해 나아가면서, 그리고 그런 결단 안에서 자신을 위해 무언가를 선택하는 것이 아니라 자기 자신을 그분의 가능성으로 선택하면서 자신의 현존을 이해하게 된다는 것입니다. 그는 변증법 신학이 의미하는 바를 다음과 같이 분명하게 표명합니다.

> 변증법 신학이라는 구호가 의미하는 것을 간단히 말하면 다음과 같다. 인간적인 존재의 역사성에 대한 통찰(Einsicht in die Geschichtlichkeit), 즉 하나님에 대한 언사의 역사성에 대한 통찰

---

[38] 같은 책, 117.

을 의미한다.[39]

그는 역사 안에 있는 인간, 그리고 역사 안에 있는 인간과 관계를 맺으시는 하나님만이 신학에서 다루어야 할 하나님이요 인간이라고 말하는 것입니다. 지금 우리가 서 있는 역사를 생각하지 않고 일반적으로나 추상적으로 하나님과 인간에 대해 말하는 것은 신학이 전념해야 할 대상이 아니라는 것입니다.

불트만은 이제 본격적으로 변증법 신학과 신약학의 관계에 대해 말합니다. 그는 신약에 대한 학문적 연구를 위해서는 무엇이 따르는지를 묻고는, 신약학은 인간의 역사성에 대한 통찰이며, 역사학이 하는 일과 다름없다고 대답합니다. 신약학자는 우선적으로 역사적 자료들 안에서 인간적 실존의 가능성이 붙잡히고 말해진다는 전제에서 출발할 때, 역사적 자료들을 진정한 역사적 현상으로 해석할 수 있다고 말합니다. 즉 역사적 자료들을 우리의 실존 파악을 위한 목적으로 사용하지 않으면 아무 소용이 없다는 말입니다. 그는 이런 이유로 말미암아, 인간적 실존의 가능성에 대해 궁극적으로 분명해질 때 한 본문을 이해하게 될 것이라고 말합니다. 이런 실존의 가능성은 단지 자신에 대한 실

---

39 같은 책, 118.

존의 파악 속에서만 이해된다고 말합니다.

또한 그는 주석가는 참된 한 역사적 현상으로서 자기 자신에 대해 알아야 하며, 그때그때마다 자신이 존재할 수 있음을 현실화하고 자신의 가능성을 주석 속에서 파악해야 한다고 말합니다. 그러므로 그는 주석가가 하나님과 인간에 대해 진술할 때, 인간과 그분의 가능성에 대한 완결된 이해를 가지고 있다고 전제해서는 안 된다고 말합니다.[40]

우리는 변증법 신학이 하이데거의 철학에 강한 영향을 받았다는 것을 여기에서 알 수 있습니다. 하나님의 계시를 이해하기 위해서는 현존재에 대한 이해가 필수적이라는 그의 신학적 전제가 생겨나고 있기 때문입니다. 인간에 대한 이해 없이는 하나님을 이해할 수 없다는 전제, 철학을 통한 현존재에 대한 이해 없이는 하나님에 대한 이해가 불가능하다는 전제를 세우고 있습니다. 그러나 인간에 대한 이해는 사람마다 다릅니다. 결국 불트만은 자신이 이해한 인간에 대한 이해라는 한계에 처할 수밖에 없습니다. 어쨌든 불트만은 이 논문에서 그의 변증법 신학의 개요를 잘 보여 주고 있습니다. 1930년대에 들어서서 그는 세상을 놀라게 하는 주요 논문들을 발표하기 시작합니다. 그중 하나가 기적에 대한 논문입니다.

---

40 같은 책, 119.

기적을 어떻게 받아들일 것인가?

불트만이 던진 질문 중 가장 관심을 끄는 질문은 이것입니다. "기적을 믿지 않는 현대인들에게 성경에 나오는 기적을 어떻게 받아들이게 할 것인가?" 하지만 불트만의 대답은 실망스럽기 짝이 없습니다. 그는 신약에 나타난 기적을 문자 그대로 믿지 않는다고 말합니다. 특히 부활을 믿지 않는다는 그의 말은 정통주의 진영에서 그를 이단으로 규정하는 데 조금도 주저하지 않게 만들었습니다.

불트만은 신약성경에 나오는 기적을 고대인들은 믿었지만 현대인들은 믿을 수 없다고 전제합니다. 하지만 그는 자유주의자들과는 달리 기적을 성경에서 제거해서는 안 된다고 말합니다. 그는 기적을 탈신화적(Entmythologisierung)으로 해석하여 받아들여야 한다고 말합니다. 이 부분은 나중에 성경 해석학 부분에서 좀 더 자세히 다루겠습니다. 지금은 1933년에 쓴 "기적의 물음에 대하여"(Zur Frage des Wunders)라는 논문에서 그가 기적을 어떻게 해석하는지를 살펴보겠습니다.

그는 이 논문을 시작하면서 우리가 통상적으로 '기적'(奇蹟) 혹은 '이적'(異蹟)이라고 말하는 용어를 사용합니다. 독일어 Mirakel(미라켈)과 Wunder(분더)를 사용하며 이 두 단어의 정의를 내립니다.

먼저 희랍어로는 '세메이온'에 해당하고 우리말로는 '이적'이라고 번역할 수 있는 '분더'라는 개념을 설명합니다. 그는 '분더'에는 두 가지 뜻이 있다고 말합니다. 첫째, 분더는 하나님의(신성이나 신들의) 행위로써, 자연적 원인 혹은 인간적 의지나 활동으로부터 생겨나는 사건과 차이가 있다고 봅니다. 예를 들어, 하나님이 죄인들의 죄를 용서하시는 일 같은 것인데, 불트만은 분더와 용서를 동일시합니다. 둘째, 분더는 규칙에 부합하는 질서 안에서 달리는 자연에 반하는 놀라운 사건이라고 봅니다.[41] 분더를 자연에 반하는 사건으로 정의할 경우에는 '미라켈'(기적)과 같은 뜻으로 사용합니다. 다시 말해, 분더는 한편으로는 하나님의 용서의 행위이고, 다른 한편으로는 자연에 반하는 기적의 행위라는 것입니다.

불트만은 이런 분더 사상의 양 측면 가운데 한 측면만 일방적으로 발전될 수 있는 가능성에 대해 지적합니다. 그는 잘못 이해된 전능 사상에 의해 모든 세계의 사건을 하나님의 행위로 해석하면서 세계의 사건과 하나님의 행위의 차이를 없애거나, 아니면 분더를 단지 하나님께만 소급되는 초자연적이거나 반자연적인 사건으로 이해하면서 사건 자체를 하나님의 행위로 이해하지 않고 하나님을 단지

---

41 *Glauben und Verstehen*, *Erster Band*, Zur Frage des Wunders, 214.

초자연적 원인자로만 생각할 수 있다고 말합니다.

그는 이렇게 할 경우에 사람들은 단지 미라켈(기적) 사상만 갖게 된다고 지적합니다. 자연을 거스르는 일들이 일어나면 분더(이적)라고 말하지 않고, 하나님이 일으키신 미라켈이라고 말해 버린다는 것입니다. 그는 이 논문에서 시종일관 분더와 미라켈은 서로 다른 개념이라고 주장합니다. 사실 독일어에서 통상적으로 기적이라고 말할 때는, 이 두 단어를 똑같이 사용합니다. 하지만 편의상 미라켈은 기적으로, 분더는 이적으로 번역할 수 있습니다.

불트만은 미라켈(기적)로서 분더(이적) 사상은 현대인들이 받아들이기가 어렵다고 말합니다. 그 이유는 현대인들이 자연 사건을 합법칙적으로 이해하게 되었기 때문이라고 주장합니다. 그리고 기적이라는 것은 자연 사건의 합법칙적인 연결을 깨뜨리는 것이므로, 이런 사상은 오늘날 승인될 수 없다고 아주 분명하게 말합니다.[42] 그리고 그런 사건이 모든 경험에 모순되기 때문이 아니라, 도리어 자연 사상에 포함되어 있는 합법칙성이 확인되지 않고 전제되어 있기 때문이라고 말합니다. 그는 우리가 이런 전제로부터 주관적인 편애에 의해 자신을 자유롭게 만들 수 없기 때문이라고 말합니다.[43] 그는 이 세계에서 일어나는 모든 사건

---

42 Zur Frage des Wunders, 214.
43 같은 책, 217-218.

은 우연이나 혹은 신의 초자연적인 능력에 의해 일어나는 것이 아니며, 모든 사건의 배후에는 반드시 원인이 있다고 말합니다. 혹시 어떤 사건의 원인이 규명되지 않아 초자연적으로 보일 수 있지만, 나중에 자세히 연구해 보면 그 사건이 일어나는 데는 반드시 자연법칙에 의한 원인이 있다는 것입니다.

그는 이런 자연의 합법칙성의 연결은 결코 현대 학문의 사상이 아니며, 현존재에 속하는 것이라고 말합니다. 그러므로 완전히 원초적인(primitiv) 사상인데, 학문 속에서 단지 형태가 갖추어지고 급진적으로 생각되었다고 말합니다. 그는 이런 기적으로서의 이적(분더)은 인과율(Kausalität)에 기인한다고 주장합니다.[44] 그리고 이런 기적(마라켈) 사상은 현대인들에게는 승인될 수 없으므로 폐기 처분해야 한다고 주장합니다. 왜냐하면 어떤 기적이 일어났을 때 그것이 마귀에게서 온 것인지, 아니면 하나님에게서 온 것인지 우리가 알 수 없고 그 판단 기준도 불분명하기 때문이라고 말합니다. 그는 심지어 기독교 신앙은 기적에 관심이 없는 것 같고, 도리어 기적 사상을 잘라 낼 계기를 찾는 것 같다고 말합니다.[45]

그는 이적(분더) 사상의 본래성이 이것이라면—즉 이적

---

44 같은 책, 215-216.
45 같은 책, 216.

사상이 세계의 사건과 다르게 하나님의 행위를 의미한다면—그리고 우리를 위해 세계의 사건은 단지 합법칙성으로만 상상될 수 있다면, 이적 사상은 자연 사상과 전적으로 모순된다고 말합니다. 그리고 자신이 이적에 대해 말할 때는 자연 사상과 전혀 관계시키지 않는다고 말합니다.[46] 즉 불트만은 이적을 자연과 관련하여 생각하지 말아야 한다고 주장하는 것입니다. 그러면 무엇과 관련하여 생각해야 할까요? 이제 불트만의 이적(분더) 사상의 핵심 내용을 살펴보겠습니다.

불트만은 기독교 신앙이 무엇에 관심을 가져야 하는지에 대해 묻습니다. 그는 신약에서 말하는 세계는 우선적으로 모든 사건의 합법칙적인 연결으로서의 자연이 아니라는 점을 강조합니다. 즉 신약은 물리학적 의미에서 세계를 논하는 데 관심이 없다는 것입니다. 그는 신약에서 말하는 세계는 내가 살고 있는 현실, 나의 세계라고 단호하게 말합니다. 그러면서 그의 사상의 핵심이 되는 말을 합니다.

그는 하나님과 하나님의 행위 사상은 우선적으로 나의 삶과 나의 실존에 관심이 있으며, 나의 실존이 하나님을 발견하고 볼 수 없는 무신론적 실존이라는 인식을 갖게 하는 데 관심이 있다고 말합니다. 더 나아가, 하나님이 내게 그

---

[46] 같은 책, 217.

분의 행위를 통해 보여 줄 때만 그분을 볼 수 있으며, 그분에 대해 내 편의대로 말할 권리와 그분의 행위를 내 편의대로 설명할 권리가 내게 없음을 의미한다고 말합니다.[47] 이 말은 이적에 대해 말한다는 것은 곧 자신의 실존에 대해 말하는 것과 다름없다는 뜻입니다. 즉, 자연에 이적이 일어났다는 말은 과학적 세계관 속에서 살아가는 현대에서는 사용하면 안 되고, 우리 인간의 실존에 이적이 일어났다는 말은 사용할 수 있다는 것입니다.

불트만은 더 나아가 하나님에 대한 신앙과 이적에 대한 신앙이 같은 의미를 가진다고 말합니다. 그는 범신론적인 이적 개념도, 기적을 하나님의 전능에 대한 신앙과 관계시키는 도그마적인 이적 개념도 잘못되었다고 말합니다. 그는 이적이라는 것은 이 세계의 어떤 곳에서도 어떤 방법으로도 확인될 수 있는 사건을 의미하지 않는다고 강조합니다. 그리고 하나의 사건이 이적이라는 사실은 하나의 세계 사건을 확인하는 것과 분명히 모순된다고 말합니다. 그는 신앙은 볼 수 있는 것과 대립되고, 내가 보는 것과 분명히 모순되기 때문에, 이적 신앙은 내가 세계 안에서 보는 모든 것과의 모순을 의미한다고 말합니다.[48] 그러면서 이적이라는 것은 하나님의 행위(Gottes Tun)와 다름없다고 주장합니다.

---

47 같은 책, 219.
48 같은 책, 220.

불트만은 하나님의 숨어 계심(Verborgenheit)에 대해 강조합니다. 하나님의 숨어 계심은 일반적인 의미에서 볼 수 없음을 의미하는 것이 아니라—즉 감각이나 실험이 허용되지 않음을 의미하는 것이 아니라—하나님이 나로부터 숨어 계신다는 뜻으로 해석해야 한다고 말합니다. 또한 이런 이유로 말미암아 이적에 대해 말한다는 것 역시 일반적인 이적에 대해 말하는 것이나 이적의 가능성에 대해 토론한다는 뜻이 아니라, 자신의 실존에 대해 말하는 것을—즉 내 삶 속에 하나님이 보이게 되었다는 사실을—의미한다고 말합니다. 그것은 일반적인 하나님을 볼 수 있다는 것이 아니라, 그분의 계시에 대해 말하는 것을 의미한다는 것입니다. 또한 하나님의 숨어 계심이 그분이 나로부터 숨어 계신다는 것을 의미한다고 여긴다면, 하나님의 숨어 계심이 나의 불경건과 나의 죄됨을 의미한다는 것도 생각해야 한다고 말합니다.

불트만은 이적(분더)이 무엇인지에 대해 다음과 같이 확증적으로 말합니다.

> 그러므로 단지 한 가지 이적만 있다. 그것은 죄인을 위한 하나님의 계시, 용서를 의미한다.[49]

---

49 같은 책, 221.

그는 하나님이 죄인을 용서하시는 것이 이적이라고 말합니다. 그러므로 이적이나 기적을 자연과학적 합법칙성을 깨뜨리는 것으로 생각해서는 안 되며, 오직 하나님이 죄인을 용서하시는 것으로 생각해야 한다는 것입니다. 그는 하나님이 죄인인 나를 십자가에서 용서하셨다는 사실을 생각하며 놀랍게 여기는 것을 이적(분더)이라고 부릅니다.

불트만은 이적(분더)과 기적(미라켈)은 다르다고 말합니다. 기적은 이 세계의 법칙에 대한 위반이라고 말합니다. 하지만 그럼에도 불구하고 기적은 완전히 이 세상의 의미에서 생각된다고 말합니다. 이는 기적이 이 세계에서 입증될 수 있는 하나님의 업적이기 때문이라고 말합니다. 하지만 그는 이적 사상은 이용 가능한 작업 장소로서의 이 세계의 성격을 철저히 지양(止揚)한다고 말합니다. 이적은 하나님이 자신을 입증하게 만드는 사건이 아니며, 단지 인간에게 그가 세계와 자기 자신을 얼마나 이해하고 있는지에 대한 비판적인 질문을 제기하는 데 관심이 있다고 말합니다.[50]

불트만은 인간은 뒤를 돌아보면서 자신이 전에 행했던 것을 보지 말고, 자신이 앞으로 해야 할 것을 바라봐야 한다고 말합니다. 우리의 행위가 하나님이 요구하신 행위라

---

[50] 같은 책, 222.

면 그 행위는 아직 성취되지 않았으며 미래에 완성된다고 말합니다. 그러므로 우리는 하나님의 요구가 몰아넣은 불안 속에 머물러야 한다고 말합니다. 그는 하나님의 요구는 우리를 '두려움과 염려의 불안' 속으로 몰아넣는 것이 아니라 도리어 '삶의 불안'으로 몰아넣는다고 말합니다. 그리고 하나님의 요구는 우리가 처해 있는 현재로부터 우리를 끄집어내고, 또한 우리를 과거로부터 끄집어내어 우리에게 미래를 바라보도록 가르친다고 말합니다.[51]

불트만은 우리가 과거로부터 자유롭게 되어, 지금 우리에게 오는 요구를 순전하게 들을 단 하나의 가능성만—즉 용서를 통해 우리에게 자유를 선물로 주신다는 사실만—있다고 봅니다.[52] 우리 죄를 용서해 주시는 것은 우리에게 미래를 위한 자유를 주신다는 사실을 의미하며, 우리가 하나님의 요구를 듣고 그분에게 사용될 수 있게 한다는 사실(롬 6:12 이하)을 의미한다고 말합니다. 그는 결국 왜 용서가 이적으로서, 즉 하나님의 행위인 용서가 세계 사건과 대립되는지가 분명해진다고 말합니다.[53]

불트만은 모든 이적은 항상 용서라는 토대에서 보일 수 있다고 강변합니다. 하지만 이런 용서는 과거의 사실로서

---

51 같은 책, 223.
52 같은 책, 224.
53 같은 책, 224.

가 아니라, 항상 새롭게 붙잡히는 것으로 갖게 되며, 항상 믿어져야 하고, 그리스도인은 항상 은혜 안에 있어야 한다고 말합니다. 또한 그리스도인은 실제로 새로운 이적을 볼 가능성이 늘 있으며, 그가 하나님의 요구를 듣고 순종하며 행동하는 한 그의 행위는 더 이상 세계 활동이 아니라 이적 행위라고 말합니다. 불트만은 모든 것이 단지 용서의 이적에 대한 신앙의 관계 속에서만 그리스도 안에서 실제가 된다고 주장합니다.[54]

불트만은 용서를 이적으로 말한다는 점에서 기독교가 이교와는 다르다고 봅니다. 그는 "이적이라고 생각되는 행위들을 볼 때 나는 내 실존을 생각해야 한다"고 말합니다. 또한 그는 이런 이적을 행하실 수 있는 하나님이시라면 내 죄도 용서하실 수 있다고 여겨야 한다고 말합니다. 그러면서 그는 "나는 나를 과거로부터 자유롭게 하여 하나님의 요구를 듣고 그 요구에 순종하는 삶을 살아야겠다"고 결단해야 하며, 이렇게 하는 것이 자신에게 이적(Wunder)이라고 말합니다.[55]

결론적으로, 불트만은 현대인들에게 일반적으로 범신론이나 정통 기독교에서 말하는 자연 법칙을 위반하면서 일어나는 기적은 불가능하다고 말합니다. 그런 식으로 이

---

[54] 같은 책, 226.
[55] 같은 책, 226 ff.

해된 기적은 현대인들에게 더 이상 받아들여질 수 없다는 것입니다. 하지만 그는 하나님이 신약시대에 수많은 이적이 일어나게 하신 목적은, 우리가 자신의 실존을 돌아보며 죄인임을 깨닫고 하나님의 용서를 받아들이도록 하기 위해서라고 말합니다. 그리고 이런 이적들을 통해 일어났던 과거의 업적들을 생각하면서 미래를 안전하게 만들려고 하지 말고, 하나님의 요구에 순종함으로 말미암아 삶의 불안 가운데서도 열린 미래를 생각하며 그분의 요구를 자유 안에서 순종하라고 말합니다. 그는 이것이 바로 신약이 이적을 통해 우리에게 전달하고자 하는 본래의 의도라고 말합니다. 즉, 신약에 나타난 이적의 목적은 우리가 자기 실존의 의미를 깨닫고 하나님의 용서를 받아들여 자유롭게 되어 하나님의 명령에 순종하며 살도록 하기 위함이라는 것입니다.

불트만은 신약에 나타난 이적들에서 초자연적인 기적을 완전히 제거하고, 이적을 철저히 용서와 연결시키는 탈이적화(Entwundermachung)를 시도합니다. 하지만 그것은 "전능하사 천지를 만드신 하나님 아버지를 내가 믿사오며"라는 신앙고백을 부정하는 것입니다. 하나님에게서 전능성을 제거하여 그분의 능력을 자연법칙의 틀 안에 제한시키는 것입니다. 결국은 하나님을 우리와 같은 인간으로 만드는 인간화(Humanisierung)를 시도하는 것입니다.

인간이 하나님과 만날 수 있는 접점이 있는가?

불트만이 바르트와 현저하게 다른 점이 있는데, 그것은 하나님과 인간의 접점 문제입니다. 바르트의 초기 신학에서는, 이 세상과 인간 안에 어떤 접점(contact point)도 없습니다. 하지만 불트만은 인간의 실존 자체가 하나님을 만날 수 있는 접점(Anknüpfungspunkt)이 된다고 말합니다. 그는 자연신학을 인정하면서 접점을 인정한 에밀 브루너와는 다른 관점에서 접점을 인정한 것입니다. 그는 이런 생각을 1937년에 "접점과 모순"(Anknüpfung und Widerspruch)이라는 논문에서 피력합니다.

불트만은 우리가 기독교 신앙을 종교 현상 일반으로, 그리고 지고의 종교 현상으로 생각한다면, 더 나아가 우리가 종교를 인간적인 정신의 삶의 현상으로 이해한다면, 기독교와 비기독교적 종교들 사이에 연속적 맥락이 있다는 것은 분명하다고 말합니다. 그는 이런 맥락에서 종교사학파적 고찰(Religionsgeschichtliche Betrachtung)을 긍정적으로 받아들이며 종교사학파가 이런 판단을 확인하는 것 같다고 보며 다음과 같이 말합니다.

> 우리는 이방 종교들을 기독교의 전 단계 혹은 병행 현상으로 볼 수 있다.…종교적 삶의 전형적인 현상이 여기저기에서 나타나

고 모든 종교적 삶의 내적 유대관계를 입증한다.[56]

불트만은 이런 고찰 방식에서 기독교의 선포를 위한 접점에 대한 물음은 전혀 문제가 되지 않으며, 단지 실천적인 문제(ein praktisches Problem)만 있을 뿐이라고 말합니다. 즉, 선교사가 기독교 신앙을 이방 민족에게 전하기 위해 이방 민족의 종교적 삶의 형식과 내용에 접목시킨다는 사실은 전혀 문제가 되지 않으며, 단지 그때마다 그것이 어떻게 이루어질 수 있는지에 대한 실천적 물음만이 중요하다고 봅니다.

불트만은 어떠한 접점도 인정하지 않는 바르트의 생각을 우회적으로 비판하면서, 만일 기독교와 비기독교적인 종교들 사이에 어떤 접점도 인정하지 않게 되면 "선교를 위한 접점의 문제가 근본적으로 현실적인 문제가 된다"고 지적합니다.[57] 그는 이방 종교와 기독교 사이에는 어떤 접점도 없다고 여기며 이방 종교에 대한 실제적인 지식과 통찰을 검토할 필요가 없다는 생각은 매우 순진한(naiv) 생각이라고 비판하면서, 선교를 위해 타종교를 연구해야 한다고 강변합니다. "우리는 과연 선교에 대해서는 이방 종교를 긍정(ein Positivum)으로, 하나님께로 가는 도상의 한 단계로(ein Stadium) 평가하지 말아야 하는가? 그러므로 접점

---

56 *Glauben und Verstehen*, *Zweiter Band*, Anknüpfung und Widerspruch, 117.

57 Anknüpfung und Widerspruch, 118.

에 대해 묻지 말아야 하는가? 선교는 단지 모순으로만 머물러 있어야 하는가? 이렇게 함으로써 선교는 자신이 대변해야 하는 하나님의 계시의 배타적이고 절대적인 성격을 희생시켰는가?"

이 말을 좀 더 풀어 쓰면, 우리가 하나님의 계시를 전하기 위해서는 그 민족이나 종족이 가지고 있는 종교적 배경을 알아야 한다는 것입니다. 그들의 종교에 대한 이해 없이는 복음을 효과적으로 전할 수 없다는 것입니다. 하지만 그는 복음의 배타적이고 절대적인 성격을 유지하면서 복음을 받아들이는 사람들의 종교에 대해 알아야 한다는 것은 딜레마라고 말합니다. 불트만은 우리가 어떻게 이런 딜레마에서 빠져나올 수 있는지를 묻고는, 이중의 대답 혹은 두 단계의 대답이 주어져야 한다고 말합니다.

첫째, 불트만은 그분의 말씀을 통한 하나님의 인간에 대한 행동은 인간 안에―혹은 인간의 정신의 삶 안에―어떤 접점을 가지고 있지 않으며, 하나님의 행동은 인간에 대한―종교를 가진 인간에 대해서도―모순이라고 분명히 말합니다. 그는 적법한 기독교 선포는 이런 모순을 충분히 날카롭게 드러내는 한도 내에서만 가능하다고 말합니다.[58] 하지만 그는 계시와 종교는 모순 관계에 있지만, 바로 이 모순

---

[58] 같은 책, 119-120.

에서 역설적인 방법으로 접점이 만들어진다고—즉 접점이 열린다고—주장합니다. 즉 모순(Widerspruch는 '모순'이라는 뜻도 있지만 '충돌', '저항'이라는 뜻도 있음)은 상호 관계를 전제로 하기 때문에 관계가 형성된 곳에는 모순도 있을 수 있다는 것입니다. 그는 전도(顚倒)된 관계도 관계라고 말합니다.

불트만은 하나님에 대한 인간의 모순은 인간을 위한 하나님의 모순의 접점이고, 인간의 죄가 은혜에 대한 모순을 만드는 말씀을 위한 접점이라고 강변합니다. 그는 인간의 어떤 특정한 능력이 접점이 아니라, '전체로서 그의 실존 안에 있는 인간'(der Mensch in seiner Existenz, der ganzer)이 접점이라고 말합니다. 따라서 그는 인간 안에는 하나님의 말씀을 받을 수 있는 어떤 기관(Organ)이 없고, 인간 안에는 하나님의 말씀을 수용할 수 있는 어떤 종교적 기관(ein religiöse Organ)도 없으며, 우리가 종교적 기관이라고 말할 수 있는 것들, 예컨대 이성이나 감정 등은 도리어 장애가 될 수 있다고 말합니다.[59]

둘째, 불트만은 첫 번째 단계를 우리가 인정한다고 해도, 인간에 대한 하나님의 모순이 인간적인 언어 속에서 항상 모순의 형태를 지녀야 한다는 것을 의미하지 않는데, 이는 모든 선포는 인간적인 말이기 때문이라고 말합니다. 그

---

59 같은 책, 120-121.

는 하나님의 말씀은 인간을 그의 전 실존 안에서 맞닥뜨리게 하고, 인간적인 선포의 말도 그를 맞닥뜨리게 해야 한다고 말합니다. 하지만 인간의 실존은 인간적인 선포자에게 항상 구체적인 역사적 형태(Gestalt)로 나타난다고 말합니다. 그러므로 불트만은 선포자들이 하나님의 말씀을 곳곳에서 똑같은 형식으로 선포하는 것은 의미가 없다고 봅니다. 낯선 민족들에게 그들의 언어로 설교되어야 하는 것처럼, 모든 개별 인간들에게 그들이 이해할 수 있는 언어로 번역되어야 한다고 말합니다.

그는 그러므로 인간의 언어는 인간적인 선포자에 의해 말해진 하나님의 말씀을 위한 접점이라고 말합니다.[60] 그때마다 인간의 실존 이해를 각인시킨 형태(Gestalt)와 하나님에 대한 인간의 모순과 본래성에 대한 물음을 발견했던 전이해(Ausgelegtheit)가 접점인데, 불트만은 그것들은 그 사람이 가진 종교나 신 개념이나 윤리나 철학이라고 말합니다. 그는 선포자가 인간의 자기 이해가 매우 다양하게 형성될 수 있다는 사실을 무시하려고 들면 의미가 없고 책임이 없을 것이라고 말합니다.

불트만의 말을 듣다 보면, 하이데거가 연상됩니다. 불트만은 '언어는 존재의 집'이라고 말했던 하이데거의 후

---

60 같은 책, 121 ff.

기 철학인 언어철학의 영향을 받은 것 같습니다. 즉 하나님은 언어 안에서 자신을 드러내시는데, 이 언어는 인간의 언어라서 인간과 접점을 가질 수밖에 없다는 것입니다. 이것은 인간의 종교적 지식을 통해 언어로 전해진 하나님의 말씀을 인간이 이해할 수 있고 자신의 실존적 상황을 파악할 수 있으며, 그 말씀에 따라 자신의 실존을 바꿀 수 있다는 뜻입니다. 만일 하나님이 인간의 언어를 통하지 않고 자신을 알리신다면 어떤 접점도 필요 없겠지만, 인간의 언어를 사용하신다면 접점을 인정하지 않을 수 없다는 것입니다. 그러므로 그는 인간은 하나님의 말씀을 받기 전에 자신에 대해 알아야 하고, 자신의 언어와 종교적 상황도 알아야 한다고 말합니다. 즉 인간이 자신을 이해하는 것이 하나님의 말씀을 이해하는 접점이 된다는 논리입니다.

그는 하나님의 모순은 인간에게 전적으로 유효하여 하나님은 인간 안에 어떤 접점도 갖지 않으시기에 하나님의 말씀은 기독교 설교에서 자극의 말씀으로, 회개를 위한 소리로, 인간에 대한 하나님의 급진적인 모순으로 보인다고 말합니다. 하지만 그럼에도 불구하고 여기에서는 선포가 있고, 저기에서는 이교 세계의 접점을 향한다고 결론짓습니다.[61]

---

[61] 같은 책, 122.

불트만은 이 사실을 세 가지 예로 들 수 있다고 말합니다. 그는 신약성경을 보면, 이 말씀을 받는 수신자들이 헬라 통속 철학이라는 접점과 계시의 모순, 헬라 신비주의라는 접점과 계시의 모순, 영지주의라는 접점과 계시의 모순을 가지고 있음을 발견하게 된다고 말합니다. 그리고 대표적인 예로 바울의 아테네 사역을 제시합니다. 그는 바울이 그리스인들의 종교를 이해하고 있었기에 그것을 접점으로 삼아 그들의 잘못된 생각을 지적하고 참된 계시를 알려 주어 참된 실존을 찾아가도록 돕는다고 말합니다. 또한 요한이 기록한 요한복음은 영지주의의 영향 아래 있는 사람들에게 영지주의를 접점으로 하여 예수님이 빛이시라는 사실을 전해 준다고 말합니다.[62]

하지만 우리는 접점을 통한 불트만의 복음 전도 이론에 문제를 제기하지 않을 수 없습니다. 바울 서신이나 요한복음의 수신자들은 대부분 철학적 배경이나 종교 철학적 배경이 없었던 사람들입니다. 과연 그들이 헬라 통속 철학이나 신비주의 종교나 영지주의에 대한 체계적인 지식을 가지고 있었을까요? 바울과 요한은 철학적 지식이나 종교적 지식이 없는 이들도 성경 계시를 이해할 수 있도록 전했습니다. 하나님을 알 만한 것이 그들 안에 선천적으로 주어져

---

[62] 같은 책, 122 ff.

있기 때문입니다. 또한 하나님은 세계 어느 곳에 사는 인간이라도 그들이 충분히 알아들을 수 있는 용어로 복음을 주시기 때문입니다.

불트만은 기독교 계시와 이방 종교의 접점을 허용함으로써 바르트와는 다른 노선을 걷습니다. 바르트는 이처럼 접점을 주장하는 변증법 신학 운동의 동료인 브루너와 불트만에 대해 단호하게 "아니다"라고 말합니다.

탈신화화란 무엇인가?

불트만은 신약에 나타난 기적이 과학적 세계관에 모순된다고 해서 잘라내서는 안 되며, 탈신화화(Entmythologisierung)의 과정을 통해 받아들여야 한다고 말합니다. 신약의 신화들을 현대인들이 이해할 수 있게 해석하여 그들이 알아들을 수 있게 전해야 한다고 말합니다. 그가 1941년에 "신약과 신화: 신약 선포의 탈신화화의 문제"(Neues Testament und Mythologie. Das Problem der Entmythologisierung der neutestamentlichen Verkündigung)를 발표하자마자 큰 반향을 불러일으켰습니다. 이 논문에서 그는 신약의 신화에 대한 새로운 해석 방법을 발표합니다.

1) 신약과 신화

불트만은 신약은 고대의 신화적 세계관에서 기록되었으므로 과학적 세계관 속에서 살아가는 현대인들은 그 말씀을 문자적으로 받아들여서는 안 되며, 그렇다고 해서 폐기 처분해서도 안 된다고 말합니다. 그는 신화는 탈신화화로 재해석해야 한다고 말합니다. 탈신화화는 제거 작업이 아니라, 신화라는 형식(껍질) 속에 숨어 있는 내용(알맹이)을 찾아내는 작업이라고 말합니다. 그리고 본래 신화는 인간의 실존 상황에 대한 자기 인식의 표현이므로, 본래적 실존을 발견하기 위한 도움을 신화에서 얻으면 된다고 말합니다. 그런데 이 논문에서 가장 크게 문제가 된 부분은 예수님의 십자가와 부활을 탈신화적으로 해석하면서 부활의 역사적 사실에 의문을 제기했다는 것입니다. 그러므로 우리는 십자가와 부활에 대한 탈신화적 해석에 주목해야 합니다.

불트만은 그리스도의 사건에 대해 다루면서 탈신화적 해석을 주장합니다. 즉, 과학적 세계관 속에서 살아가는 현대인들은 공관복음서에 기록된 그리스도의 십자가와 부활을 역사에서 실제로 일어난 사건으로 믿지 못하기 때문에 십자가와 부활의 신화를 다르게 해석하여 전달해야 한다고 말합니다.

첫째, 그는 예수님의 십자가와 부활 사건은 신화(Mythos)라고 주장합니다.

불트만은 먼저 십자가와 부활 신화는 그리스적 신화 개념과는 다르다고 말합니다. 즉 그리스도의 사건은 그리스나 헬라적인 신들의 의식 신화와 같은 의미에서 하나의 신화가 아니라고 말합니다. 왜냐하면 예수 그리스도는 하나님의 아들로서 그리고 선재하신 하나님의 본질로서 신화적인 인물이지만, 동시에 정해진 역사적 인간 나사렛 예수이기 때문이며, 그 인물의 운명은 하나의 신화적 사건일 뿐 아니라 동시에 십자가에 못 박히는 것으로 끝나는 한 인간의 운명이기 때문이라고 말합니다. 불트만은 "역사적인 것과 신화적인 것이 여기서는 집어삼켜(엉켜)진다"(Historisches und Mythisches sind hier verschlungen)고 말합니다.

불트만은 우리가 그 아버지와 어머니를 알고 있는 역사적 예수는 동시에 선재하신 하나님의 아들이어야 한다고 말합니다. 하지만 그는 십자가의 역사적 사건 곁에는 전혀 역사적 사건이 아닌 부활이 서 있다고 말합니다. 그는 신화적 언사가 간단히 예수라는 역사적 인물과 그분의 이야기의 중요성을—즉 구원의 인물과 구원의 사건으로서의 중요성을—표현하기 위한 의미를 가지는지 혹은 그렇지 않은지에 대한 질문이 긴급하게 요구된다고 말합니다. 즉 예수라는 인물의 이야기가 구원사적 의미를 가지고 있느냐는 의문이 생긴다는 것입니다. 구원사적 의미로 예수를 볼 때 십자가와 부활은 의미를 가질 것이며, 이 사건들을 역사적 사건으로 객관화하는 상상의 내용은 희생될 수밖에 없다는 것입니다.[63] 말하자면, 예수의 십자가와 부활 사건의 의미는 구원사적으로만 중요하지, 역사적 입증은 크게 중요하지 않다는 말입니다.

불트만은 예수는 역사적 인물이며, 그분의 이야기는 역사 안에서 일어난 이야기라고 분명히 말합니다. 하지만 예수는 역사적 인물이기 전에 신화적 인물, 즉 선재하신 하나님의 아들도 되신다고 말합니다. 예수 안에서는 바로 이 같은 양 측면이 공존한다는 것입니다. 그러므로 선재하신 하나님의 아들이 이 사건을 통해 우리에게 무엇을 가르치고자 하는지를 포착해야 한다는 것입니다. 그러므로 십자가 사건은 일반 역사의 한 사건이 아니라 하나님의 아들의 의미가 담긴 사건이라는 것입니다. 그런데 정통 신앙을 가진 기독교인들은 그가 말하는 구원사적 의미를 듣고서 고개가 갸우뚱해집니다.

그는 현대인들에게 십자가가 어떤 의미인지를 묻고는 십자가는 현대인들의 인정 욕구(Geltungsbedürfnis)에 대한 죽음이고, 자신을 십자가에 못 박고 하나님과 이웃을 위해 자유를 찾는 삶을 사는 것을 의미한다고 대답합니다. 그는 바로 이런 의미를 사도들은 부활이라고 말했다고 말합

---

63 *Neues Testament und Mythologie*, Kerygma und Mythos, Herbert Reich Evangelsche Verlag, Hamburg Bergstedt, 1967, 41.

니다. 그러므로 불트만은 사도들이 부활을 선포할 때는 이런 의미를 파악하라는 뜻이었지, 이 부활 사건을 역사적 사실로 믿으라는 뜻이 아니었다고 말하는 것입니다. 하지만 십자가와 부활에 대한 그의 이러한 해석은 문제가 있습니다. 먼저, "과연 십자가는 인정 욕구에 대한 죽음인가?"라는 질문이 생깁니다. 십자가의 의미는 아담이 물려준 원죄를 사하는 것입니다. 그리고 부활의 의미는 의와 생명을 가져다주는 것입니다. 하지만 불트만은 십자가와 부활을 철저히 실존론적으로 이해합니다.

그는 계속하여 십자가 사건의 역사적 기원보다는 그 사건의 실제적 의미가 더 중요하다는 점을 강조합니다. 그는 우리가 예수의 이야기(Geschichte)와 그분의 십자가를 대할 때 역사적(historisch) 근거나 기원에 대해 물어서는 안 된다고 말합니다. 도리어 그분의 실제적 중요성은 우리가 그런 역사적 사실 증명에 문제를 제기하지 않을 때 비로소 보일 수 있다고 말합니다. 그는 예수의 이야기와 그분의 십자가를 이해하려 할 때는 그 역사적 근거(Grund)가 아니라 그 의미(Bedeutung)에 대해 물어야 한다고 말합니다. 즉 그분의 이야기의 의미는 하나님이 그 이야기를 통해 '내게' 무엇을 말씀하시고자 하는가에서 생겨난다고 봅니다.[64]

---

[64] *Neues Testament und Mythologie*, 41.

둘째, 그는 전통적인 십자가 이해와는 다르게 십자가를 이해합니다.

불트만은 예수님의 대속적 희생을 통한 우리의 죄 용서에 대한 전통적인 말씀을 신화론적 해석이라고 부르며, 이런 신화론적 해석은 더 이상 지속될 수 없다고 주장합니다.

> 이런 신화론적 해석은—그 해석 안에 희생 제사의 성격과 법정적 만족 이론이 섞여 있는—우리에게 결코 용인될 수 없다. 이런 신화론적 해석은 신약의 관점에서 그것이 말하고자 하는 바를 전혀 말하지 않기 때문이다.[65]

불트만은 십자가 사건은 개개인의 원죄를 없애기 위한 사건으로 보면 안 되고, 도리어 모든 인간을 위한 사건으로 해석해야 한다고 말합니다. "십자가의 역사적 사건은 우주적 차원으로 상승되며, 그 안에서 세계의 권세들에게 떨어진 우리 자신에 대한 심판이 그 안에서 행해졌다."[66] 그는 이에 대해 좀 더 구체적으로 설명합니다.

그는 하나님이 예수를 십자가에 못 박히게 하시면서 우리를 위한 십자가를 세우셨다고 말합니다. 즉 하나님은 예수를 십자가에 못 박혀 죽게 하시면서 우리 죄를 용서하신 것이 아니라, 우리도 예수처럼 십자가를 지도록 하셨다

---

65 같은 책, 42.
66 같은 책, 42.

는 것입니다. 그는 그리스도의 십자가를 믿는다는 것은, 우리와 우리 세계 밖에서 행해졌던 하나의 신비한 과정을—즉 하나님이 우리에게 선이 되도록 일어나게 하신 것으로 여기는—하나의 객관적이고 눈에 보이는 사건으로 바라보는 것을 의미하지 않는다고 말합니다. 전통적 신학에서 주장하는 것처럼 십자가를 개개인의 죄를 속하기 위한 객관적 십자가로 봐서는 안 된다는 것입니다. 도리어 그는 그리스도의 십자가를 믿는다는 것은 그리스도의 십자가를 자기 십자가로 받아들이고 자신을 그리스도와 함께 십자가에 못 박는 것을 의미한다고 말합니다.

그는 구원 사건으로서 십자가 사건은 신화적 인물로서 그리스도에게 일어났던 "하나의 고립된 사건"이 아니라, "우주적 차원의 사건"이라고 말합니다. 그리고 십자가가 가진 역사 전복적인 의미는 그것이 종말론적 사건으로 유효하다는 사실을 통해 표현된다고 말합니다. 즉 십자가 사건은 우리가 되돌아봐야 하는 과거의 한 사건이 아니라 시간 안에서의 종말론적 사건이라고 말합니다. 그는 십자가 사건이 그분의 중요성 속에서 이해되고 신앙을 위해 항상 현재가 된다는 점에서 종말론적 사건이라고 말합니다.[67] 그는 십자가 사건의 현재화(Gegenwärtigung)를 주장하는데,

---

[67] 같은 책, 42.

이런 현재화는 우선적으로는 성례를 통해, 그리고 신자들의 구체적인 삶의 수행 속에서 이루어진다고 말합니다(갈 5:24, 6:14, 빌 3:10).[68]

불트만은 그리스도의 십자가와 고난은 현재의 사건이며(골 1:24), 십자가에 못 박힌 과거의 사건과는 아주 미미하게 관계된다고 말합니다. 그는 구원 사건으로서의 십자가 사건은 과거에 고정된 신화적 사건이 아니라고 말합니다. 나사렛 예수가 십자가에 못 박힌 실사적(historisch) 사건 속에서 그분의 원천을 가진 하나의 의미적 역사(geschichtlich)라고 말합니다. 이것은 의미적 역사(geschichtlich)의 중요성 속에서 세상에 대한 심판이며, 인간을 해방하는 심판이라고 말합니다. 그는 이렇게 되는 한에서만 그리스도는 우리를 위해 십자가에 못 박히셨다고 주장합니다.

불트만은 십자가에 대한 전통적인 이해를 완전히 뒤집어 놓았습니다. 그는 그리스도가 우리를 위해 십자가에 못 박히셨다는 사실은 만족 이론이나 희생 이론의 의미가 아니라고 분명히 말합니다. 이런 식으로 이해하는 것은 십자가 사건을 신화적으로 이해하는 것이기 때문에 이렇게 이해해서는 안 된다고 말합니다. 그는 십자가 사건은 의미적 역사(geschichtlich)로 해석해야—즉 실사적(historisch, 實事的)

---

[68] 같은 책, 42-43.

사건을 구원 사건과 연결하여 해석해야—제대로 이해될 수 있다고 말합니다. 그는 구원 사건과 연결하여 해석하라고 말하고 있지만, 사실은 개개인의 실존과 연결하여 해석하라는 것입니다.

불트만은 신화론적 언사는 그 근본에 있어서 역사적 사건의 중요성을 표현하는 것과 다름없다고 말합니다. 구원 사건으로서 십자가의 선포는, 청중에게 이런 의미를 자신의 것으로 갖기를 원하는지 그렇지 않은지, 그리스도와 함께 십자가에 못 박히기를 원하는지 그렇지 않은지를 묻는 것이라고 말합니다.[69]

그는 과거의 사건은 우리를 위한 자기 삶의 사건이 전혀 아니라고 말합니다. 즉 우리는 역사적 예수의 사건에 대해서는 단지 역사적 보도를 통해서만 안다고 말합니다. 그는 신약에서는 십자가에 못 박히신 자를 다음과 같이 선포하지 않는다고 말합니다. 즉 십자가의 의미는 그분의 역사적 삶으로부터, 즉 역사적 연구를 통해 재생될 수 있는 방법으로 풀지 않으며, 그 대신에 십자가에 못 박히신 자인 동시에 부활하신 자로 선포된다고 말합니다. 불트만은 십자가와 부활은 서로 떨어져 존재하는 사건이 아니라 하나의 통일성으로 연결되어 있는 사건이라고 주장합니다.

---

69 같은 책, 43.

셋째, 그는 전통적인 부활 이해와는 다르게 부활을 이해합니다.

불트만은 부활은 역사적 사실이 아니라고 아주 단호하게 주장합니다. 심지어 부활은 십자가와 같은 것이라고 말합니다. 그에게 중요한 것은 역사적 사건으로서의 부활이 아니라 부활 신앙입니다. 그는 부활은 십자가의 의미를 믿게 만들 수 있는 신화적 사건이 아니라고 말합니다. 도리어 부활은 십자가의 의미와 똑같이 믿어진다고 말합니다. "부활 신앙(Auferstehungsglaube)은 구원 사건으로서의 십자가 신앙, 즉 그리스도의 십자가에 대한 신앙과 다른 것이 아니다."[70] 다시 말해, 십자가의 의미를 알고 그 십자가를 자기 십자가로 받아들이는 것이 부활 신앙이라는 것입니다.

그는 십자가에 못 박히고 부활하신 그리스도는 선포의 말씀 속에서—다른 어느 곳이 아니라—우리와 만난다고 말합니다. 그는 이 말씀에 대한 신앙이 바로 부활절 신앙이라고 말합니다.[71] 이 말을 풀어 쓰면, 예수님이 십자가에 못 박히셨다는 케리그마를 전할 때, 부활이 그 사람 속에서 그 사람의 삶에서 일어난다는 뜻입니다.

그는 자유주의자들처럼 부활을 역사적 연구를 통해 증명하려는 방법은 잘못된 것이고, "선포의 말씀을 이해하는 신앙이 진정한 부활절 신앙이다"(Der verstehende Glaube an

---

70 같은 책, 46.
71 같은 책, 46.

das Wort der Verkündigung ist der echte Osterglaube)라고 말합니다. 그는 부활절 신앙은 선포의 말씀이 합법적인 하나님의 말씀이라는 사실에 대한 신앙이라고 말합니다. 그리고 부활절 사건(Das Ostereignis)은, 그것이 십자가 곁에 실사적 사건으로 명명될 수 있는 한, 부활하신 자에 대한 신앙의 생성과 다름없다고 말합니다. 즉 그분은 선재하신 하나님의 아들이며, 부활을 통해 이 사실을 입증할 필요가 없다는 것입니다. 십자가를 통해 자신이 그런 존재임을 알려 주셨다는 것입니다. 이 사실을 아는 것이 바로 부활절 신앙이라는 것입니다.

불트만은 그리스도의 부활로서 부활 신앙은 역사적 사건이 아니라고 말합니다. 첫 제자들의 부활 신앙은 역사적 사실로 파악될 수 있겠지만, 그들이 본 기록들조차도 거의 환영적인 체험일 것이라고 말합니다. 그러면서 기독교의 부활 신앙은 역사적 물음에 관심이 없으며, 부활 사건 속에서 생성된 선포의 말씀은 스스로 종말론적인 구원 사건에 속한다고 말합니다. 또한 말씀이 울려 퍼지는 동안 십자가와 부활이 현재가 되고 종말론적인 지금이 발생한다고 말합니다. 즉 종말론적 약속의 말씀인 이사야 49장 8절이 성취된다고 말합니다("여호와께서 이같이 이르시되 은혜의 때에 내가 네게 응답하였고 구원의 날에 내가 너를 도왔도다 내가 장차 너를 보호하여 너를 백성의 언약으로 삼으며 나라를 일으켜 그들에게 그 황무하였던 땅을 기업으로 상속하게 하리라"). 그리고 고린도후서 6장 2절과 같이 선포된 말씀 속에서만 우리가 부활하신 분을 만나게 된다고 주장합니다("이르시되 내가 은혜 베풀 때에 너에게 듣고 구원의 날에 너를 도왔다 하셨으니 보라 지금은 은혜 받을 만한 때요 보라 지금은 구원의 날이로다").

넷째, 그는 결론적으로 이렇게 말합니다.

불트만은 그런 신화는 더 이상 옛 의미에서—즉 신화적 세계관과 함께 몰락하는 그런 의미에서—신화가 아니라고 말합니다. 그는 우리가 말하는 구원 사건은 기적에 해당하는 초자연적인 사건(Geschehen)이 아니라, 공간과 시간 속에서 일어난 역사적(geschichtlich) 사건이라고 말합니다. 불트만은 자신과 자신의 생각을 추종하는 학자들이 신화의 옷을 벗기고 그 자체로 설명하면서 신약의 의향을 따르고 신약 선포의 역설을—즉 하나님의 종말론적인 사신(使臣)이 구체적 한 인간이라는 역설, 하나님의 종말론적인 행동이 한 인간의 운명 속에서 완성된다는 역설, 종말론적으로 비세계적으로 입증될 수 있는 한 사건이 있다는 역설을—적법하게 드러냈다고 말합니다. 그리고 그는 예수가 실제로 역사적인 한 인간인 것처럼, 하나님의 말씀은 신비스러운 신탁의 말씀이 아니라 나사렛 예수의 인격과 운명을 그것들의 구원사적 중요성 속에서 정신사적인 한 현상으로서, 그것들의 관념적 내용에 대해 하나의 가능한 세계관으로서 이해할 수 있도록 하는 신중한 선포라고 말합니다. 그는 그럼에도 불구하고 이런 선포는 종말론적인 하나님의 말씀이 되도록 요구한다고 말합니다.

> 선포자, 그 사도: 인간들을 그들의 역사적 인간성 속에서 이해할 수 있게! 교회, 하나의 사회학적인 그리고 역사적인 현상: 그것의 역사를 실사적으로, 정신사적으로 이해할 수 있게! 그리고 그럼에도 모든 것은 종말론적인 현상, 종말론적인 사건(Geschichte)![72]

지금까지 우리는 불트만의 논문 "신약과 신화"에 대해 살펴보았습니다. 신약에 대한 탈신화적 해석은 신약학계뿐만 아니라 다른 분야의 학자들에게도 큰 파장을 일으켰습니다. 정통 교회에서는 그를 이단이라고 했고, 전통적 신학을 지지하는 학자들은 그의 새로운 프로그램에 학문적으로 문제를 제기했습니다. 그런 학자들 가운데 대표적인 인물은 율리우스 슈니빈트(Julius Schniewind)입니다. 그는 "루돌프 불트만에 대한 대답"(Antwort zu Rudolf Bultmann)에서 불트만의 탈신화화 해석 방법이 가진 문제점을 아홉 가지로 요약합니다. 슈니빈트의 해석을 통해 우리는 불트만의

---

[72] 같은 책, 48.

문제점을 좀 더 분명하게 이해할 수 있습니다. 그 문제점들 가운데 핵심 내용은 다음과 같습니다.

먼저, 슈니빈트는 불트만이 죄 용서와 신앙을 전통 신앙과 다르게 이해한다고 말합니다. 그는 불트만이 급진적인 철학(하이데거 철학)과 대화하면서 죄 용서를 인간이 자신과 자신의 과거로부터 해방되는 것으로, 미래를 위해 신앙을 열어 놓은 것으로 기술한다고 지적합니다. 하지만 그는 불트만이 과거와 미래를 위한 질적 규정을 혼합(혼동)시키며, 죄 용서를 순종을 위한 자유로 규정함으로써 성경적 사고와 교회가 서고 넘어지게 하는 조항의 신율이 완전한 권리를 가질 수 없게 만들고 있다고 지적합니다.[73]

둘째, 슈니빈트는 불트만의 십자가 이해가 잘못되었다고 비판합니다. 그는 불트만이 그리스도의 사건을 펼치면서 십자가에 대한 신약의 객관화된 생각을—즉 신자가 죄에서 해방되었다는 사실을—신화화하는 표현으로 해석한다고 비판합니다. 그는 불트만이 십자가의 의미를 "그리스도와 함께 십자가에 못 박힘"으로 환원시켜서, 걱정들이 십자가에 못 박히는 것으로, 그리고 고난에 대한 두려움이 극복되는 것으로 규정했다고 비판합니다. 또한 그는 십자가에 대한 불트만의 이런 해석은 종교개혁의 근본 조항에

---

[73] 같은 책, 84 ff.

문제를 제기하는 것이며, 신약과 종교개혁의 십자가의 도(로고스), 즉 그리스도가 하나님께 버림받음에 대하여 그리고 십자가에 못 박히시고 높아지신 자로서의 중재와 주로서의 위치가 인식될 수 없게 하고, 결국은 십자가의 도(로고스)에서 모든 신화적 경향을 없애고, 그것을 그리스도에 대한 그리스도인들의 인격적 관계를 위한 표현 정도로 격하했다고 비판합니다.[74]

셋째, 슈니빈트는 불트만이 십자가의 (구원) 역사적 중요성(geschichtliche Bedeutsamkeit)을 강조하지만 이를 통해 하나님의 계시의 역사적 단회성을 말하는 것이 아니라, 인간적인 삶을 수행하는 형태로서의 역사성을 말할 뿐이라고 비판합니다. 그는 불트만이 이를 통해 예수의 역사적 십자가(historische Kreuz)를 과거의 한 사건과 관계시키는 것을 간과하고, 예수의 단회성에 대한 신약의 전체 증거와 복음서의 선포들, 더 나아가 예수를 주로 고백하는 원고백(Urbekenntnis)을 결국 가치 없게 만들고 있다고 비판합니다.[75]

넷째, 슈니빈트는 불트만이 부활의 의미에서 "믿을 만하게 하는 기적이라는 점"을 없애 버린다고 비판합니다. 그는 불트만이 부활 자체는 신앙의 대상이고 종말론적인

---

74 같은 책, 88 ff.
75 같은 책, 93.

사건이며 선포의 말씀 속에서 현존한다고 말하면서, 부활을 직접 목격한 제자들의 신앙을 부활 사건으로 여겨지게 만들기 때문이라고 말합니다. 슈니빈트는 이러한 불트만의 부활 해석은 부활 사건(고전 15장)의 단회성이 권리를 가질 수 없게 만들고, 부활 신앙을 예수의 단회성과 관계시키는 것이 권리를 가질 수 없게 만든다고 비판합니다.[76] 그는 계속하여 불트만이 종말론적 탈세계화와 인간적인 존재의 역사 사건적 성격을 무너뜨리고 있으며, 결국에는 종말론적 부활 사건으로부터 역사적 성격을 부정하는 데 이른다고 비판합니다.[77]

다섯째, 슈니빈트는 불트만이 과거에 실제로 일어난 역사적 사건 앞에서 도주하는 것도 문제가 된다고 비판합니다. 그는 불트만이 역사적인 시간을 나를 위한 시간으로 만들고, 사실로서의 역사(historischen)와 의미로서의 역사(Geschichtliche)의 관계를 흐리게 만들어 결국은 사실로서의 역사적 성격을 없애 버리고 구속 역사적인 만남의 기반까지 없애 버렸다고 비판합니다.[78]

마지막으로, 슈니빈트는 불트만이 성경적 관점과 언어를 우리 시대의 것으로 번역하려는 과제에 머물러 있다고

---

[76] 같은 책, 96 ff.
[77] 같은 책, 100 ff.
[78] 같은 책, 105 ff.

말합니다. 그는 불트만이 사건으로서의 종말, 우리를 위해 그리스도가 등장함, 영들과 귀신들에 대한 신앙, 영에 대한 관점, 성경적 관점 등을 낯선 것으로 만드는데, 이러한 생각은 차용되어서는 안 된다고 말합니다.[79] 그는 불트만이 종말에 대해 잘못 이해하고 있다면서 다음과 같이 비판합니다.

> 본래 종말론적인 것이 무엇인지는 단지 예수의 말씀과 사역으로부터만 올바로 말해질 수 있다. 종말론은 세계 종말의 신화론이 아니고 무시간성을 위한 신화론적 표현도 아니다. 도리어 예수의 말씀과 행위 속에서 현재화되었던 미래 세계에 대한 말씀이다.[80]

2) 기독교적 소망과 탈신화화의 문제

불트만은 1954년에 쓴 이 논문에서도 탈신화화 프로그램의 의미를 분명히 드러냅니다.[81] 그는 이 책에서 신약의 기록에 영향을 준 두 종류의 세계상(Weltbild)을 소개합니다.

하나는 유대 묵시론적 세계상입니다. 이 세계상에 따르면, 이 세계는 어느 시점이 되면 마지막이 오고 그때에는 모든 사람이 부활하여 신 앞에서 심판을 받는다고 말합니

---

79 같은 책, 110 ff.

80 같은 책, 118.

81 *Neues Testament und christliche Existenz*, Die christliche Hoffnung und das Problem der Entmythologisierung, Mohr Siebeck, Tübingen 2002, 248-266.

다. 다른 하나는 희랍의 영지주의적 세계상입니다. 이 세계상에 따르면, 사람이 죽으면 영혼이 이 세상의 어둠에서 벗어나 빛의 세계로 들어간다고 말합니다. 그리고 그 영혼이 빛의 세계로 들어가려 할 때 악한 영들이 방해하지만, 영지자(Gnostiker)가 가르쳐 준 영지(gnosis, 비밀스런 영적 지식)를 받아서 악한 영들을 물리치고 빛의 세계로 들어간다고 말합니다.

불트만은 초기 기독 공동체가 유대 묵시론적 세계상을 받아들여서 마지막 날이 되면 예수님이 구름을 타고 이 땅에 오셔서 어떤 사람은 천국으로, 어떤 사람은 지옥으로 보낸다고 말했다고 주장합니다. 그는 공관복음서나 바울 서신이 주로 유대 묵시론적 세계상의 영향 속에서 기록되었다고 말합니다. 또한 초기 기독 공동체가 영지주의적 세계상을 받아들여서 사람이 죽으면 그 영혼이 빛의 나라인 천국으로 즉시 들어간다고 말했다고 주장합니다. 그는 요한복음이 영지주의적 세계상에 따라 기록되었다고 말합니다. 하지만 이 두 세계상의 영향을 받아 기록된 신약성경은 안타깝게도 인간이 처한 실존적 성격을 전혀 고려하지 않았다고 비판합니다.

불트만은, 바울과 요한은 예수 안에 나타난 하나님의 은혜에 대한 신앙을 통해 인간이 이미 현재 안에서 생명으로 해방되었지만, 인간은 자신의 삶을 통해 이 생명을 하나의 소유물처럼 갖는 것은 아니라고 말합니다. 이는 마치 그의 신앙이 단번에 소유된 확신이 아니라 항상 새롭게 실행되어야 하는 신앙 행위와 같다고 말합니다. 그는 인간의 현재 역시 한곳에 머물러 있는 시간이 아니며 본래적인 '사이'(Zwischen)로써, 과거나 미래로부터 규정되지 않은 현재이며, 인간은 도리어 지속적으로 사라지는 그의 과거와 함께 죽거나 혹은 그의 미래로부터 산다고 말합니다. 그는 현재의 하나님은 항상 다가오는 하나님이시며, 바로 그 하나님으로 계시기 때문에 현재의 하나님이시라고 말합니다. 그는 하나님의 은혜는 인간을 과거의 매임으로부터 해방시키고 미래를 위해—즉 하나님의 미래를 위해—열어 주신다고 말합니다.

불트만은 이런 인간의 실존 인식과 함께 비로소 신화적 소망에 대한 상(Bild, 象)의 의미와 권리가 파악된다고 말합니다. 이런 소망에 대한 상들이—즉 죽은 자의 부활에 대해 말하는 유대적 상이든지, 영혼에게 빛의 세계로의 상승을 약속하는 영지주의적 상이든지 간에—비록 과학적으로는 안 맞지만, 개인에게 죽음에 대한 승리를 약속하는 한, 인간의 미래에 대해 유일하게 확실한 것은 모든 인간 앞에는 죽음이 놓여 있다는 사실뿐이라고 말합니다. 이것은 아주 중요한 내용입니다. 그는 신약에서 말하는 부활이나 하늘로 올라간다는 보도들은 다 믿을 수 없는 것이며, 다만 한 가지

확실한 것은, 모든 인간 앞에는 죽음이 놓여 있다는 사실뿐이라고 말합니다.

그는 이런 신화적 세계관들에 따라 기록된 세계상들을 통해 인간이 분명히 알아야 할 사실은, 다가오시는 하나님의 미래로서 모든 미래를 위해 열려 있는 자를 위해서는 죽음은 그의 경악하게 만드는 힘을 잃어버렸다는 것을 아는 것이라고 말합니다. 불트만은 만일 이렇게 된다면, 드디어 인간은 하나님이 죽음 안에서 선물하시는 미래에 대해 그리는 일을 포기할 것이라고 말합니다. 왜냐하면 죽음 이후의 영광에 대한 모든 상들은 단지 하나의 환상의 세계상일 뿐이라는 사실을 인간이 알기 때문이라고 말합니다.

불트만은 소원의 세계상에 대한 포기는 하나님의 미래에 대한 신앙을 급진적으로 열어 놓는 것에 속한다고 말합니다. 한마디로, 미래에는 어떤 일이 일어날지 모른다는 것입니다. 그는 신화적 소망에 대한 상이 갖는 의미는, 인간이 열심히 살아 낸 삶의 성취로 얻는 마지막 소망이 아니라, 하나님의 미래에 대해 말하는 것이 그 목적임을 탈신화화를 통해 말하고자 했습니다.[82]

불트만은 탈신화화라는 해석 방법으로 신화들을 제거하는 것을 최종 목적으로 삼은 것이 아니라, 그 신화들 속

---

[82] Die christliche Hoffnung und das Problem der Entmythologisierung, 248 ff.

에 담긴 인간 실존을 위한 영속적 의미를 발견하고자 했습니다. 그는 그 신화들이 인간 실존을 이해하는 유일한 가능성이 아니라 할지라도, 그 속에 담겨 있는 인간 실존에 대한 관점, 지식, 본질을 찾아내는 것이 중요하다고 말합니다. 그 신화들 속에는 인간 실존에 대한 여러 가지 관점이 있으므로 그중에서 하나를 결정해야 하는 문제가 있지만, 그 결정 안에는 인간이 그들의 권리를 결코 잃어버릴 수 없는 하나의 가능성이 있다고 말합니다. 즉 그런 신화들의 기저에는 이런 이해가 놓여 있다는 것입니다. 불트만은 우리가 그것을 현대인들의 사유 방식과 현대인들이 사용하는 언어로 어떻게 표현하는지가 중요하다고 봅니다.[83]

불트만은 신약에 나오는 기적들만 다루는 것에 만족하지 않습니다. 그는 신약 전체를 현대인들이 어떻게 이해하도록 만들 수 있는지에 대해—즉 성경해석학에—관심을 가지고 자신의 견해를 분명히 표명합니다.

성경을 전제 없이 해석할 수 있는가?

오늘날을 살아가는 우리는 고대의 세계관에 근거하여 기록된 성경을 어떻게 해석해야 할까요? 불트만은 1950년에

---

83 같은 책, 252 ff.

발표한 논문 "해석학의 문제"(Das Problem der Hermeneutik: Glauben und Verstehen, zweiter Band)와 1958년에 발표한 논문 "전제 없는 해석은 가능한가?"(Ist voraussetzungslose Exegese möglich?)에서 해석학에 대한 자신의 기본 입장을 밝힙니다.

1) 해석학의 문제

불트만은 이 논문의 앞부분에서 해석학의 역사를 간단히 개관합니다. 먼저 그는 해석의 규칙을 만든 아리스토텔레스의 해석에 대해 논합니다. 아리스토텔레스는 "해석을 위해 객관적으로 텍스트를 살펴보아야 하는데, 그러려면 텍스트를 쓴 저자의 문법이나 문체 등을 살펴야 한다"고 말했습니다.

근대 이후에는 이런 해석에 다른 차원의 해석이 덧붙여졌습니다. 현대 해석학의 아버지 슐라이어마허는 텍스트를 이해(해석)하려면 역사 비평학적으로 살피는 것만으로는 부족하며, 그 텍스트를 쓴 저자의 심리 과정도 고려해야 한다고 했습니다. 독일 철학자 딜타이(Dilthey)는 역사적 관계뿐만 아니라 저자가 처한 삶의 관계들(Lebensverhältnisse)도 고려해야 한다고 가르쳤습니다.

불트만은, 슐라이어마허와 딜타이는 저자가 살았던 시대의 역사와 삶의 관계 그리고 그 텍스트를 해석하는 해석자의 역사와 삶의 관계를 고려할 때 본문을 올바로 이해할 수 있다고 주장했지만, 그들은 텍스트를 해석하는 인간이 자신이 현재 처한 실존적 상황을 고려하지 못했다고 지적합니다. 그는 본문을 올바로 이해하려면 해석자가 자신의 실존적 문제를 가지고 본문에 질문을 던져야 한다고 말합니다. 그리고 여기서부터 시작하여 해석자와 본문이 해석학적 순환(Zirkel)을 하면서 본문의 뜻이 드러나고 마침내 이해에 도달하게 된다고 봅니다. 이런 맥락에서 그는 자신의 해석학 이론을 제시합니다.

불트만은 "하나의 이해는 하나의 해석이다"라는 생각으로부터 출발합니다. 성경의 한 구절을 이해하려면 그 구절을 해석해야 한다는 것입니다. 그는 이런 이해를 위한 해석은 항상 하나의 특정한 문제 제기에서 생겨나고, 특정한 '무엇을 위해서'(Woraufhin)라는 질문에서 방향이 잡힌다고 말합니다. 그러므로 이런 문제 제기는 전제(Voraussetzung) 없이는 결코 이루어질 수 없다고 말합니다. 그는 이런 문제 제기는 하나의 내용에 대한 선이해(Vorverständnis)에 의해 유도되며, 이런 선이해에 의해 해석자는 본문에 물음을 던짐으로써 해석이 된다고 말합니다. 그는 해석은 이런 선이해의 토대에서 비로소 가능하다는 점을 강조합니다.[84]

하지만 그는 이런 문제 제기는 문제를 던지는 사람의 삶

---

84 *Glauben und Verstehen, zweiter Band*, Das Problem der Hermeneutik, 1950, 216.

속에 근거되어 있는 하나의 관심에서 자라나게 되는데, 이러한 관심이 해석되어야 하는 본문 속에서 살아 있고 본문과 해석자 사이의 상호 교환이 이루어지게 된다는 사실이, 모든 이해하는 해석의 전제라고 말합니다.

불트만은 해석에서 중요한 것은, 성경 저자와 해석자의 개성을 심사숙고하는 대신에, 해석자의 천재성과 공동 천재성을 깊이 사색하는 대신에, 간단한 사실을 생각하는 것이 반드시 필요하다는 것이라고 말합니다. 그는 이해의 전제는 본문이 직접적으로 말하거나 혹은 간접적으로 말하는 문제에 대한 해석자의 삶의 관계라고 말합니다. 그리고 해석은 해석자와 성경 저자의 개성이 비교될 수 없는 사실로 마주 서 있는 것을 통해 이루어지는 것이 아니라고 말합니다. 도리어 성경 저자와 해석자가 말하고 묻는 문제에 대해 동일한 삶의 관계를 가짐으로써 이루어지는데, 그 이유는 이 두 사람이 같은 삶의 맥락에 서 있기 때문이라고 말합니다.

그는 본문에서 중요하고 그것에 대해 물어야 하는 내용에 대한 관계가 이해의 전제라고 말합니다. 예를 들어, 죽음을 이해하려고 할 때, 바울이 죽음과 어떤 관계를 가졌는지를 알아보고, 또한 나는 죽음과 어떤 관계를 가지고 있는지를 생각하면서 상호 대화를 통해 이해의 사건이 일어난다는 것입니다.

불트만은 모든 해석은 하나의 정해진 '무엇을 위해서'(Woraufhin)를 통해 수행된다는 사실을 이해할 수 있는데, 그 이유는 단지 하나의 삶의 연관 조건들로부터 하나의 어떤 방법으로 향해진 물음이 가능하기 때문이라고 말합니다.[85] 그는 해석은 항상 본문에서 직간접적으로 말하는 내용에 대한 삶의 관계를 전제한다고 확언합니다. 그는 만일 우리가 음악과 관계를 가진다면 음악에 대한 텍스트를 그 관계만큼 이해하게 되며, 혹은 수학에 대한 텍스트든 역사에 관한 텍스트든 우리가 그것과 관계를 가질 때만 이해하게 되는 것과 같다고 말합니다.

그는 해석의 전제 조건은 해석자가 어떤 분야에 대해 가지고 있는 선지식이라는 점을 강조합니다. 음악에 대한 선지식이 없다면 어떻게 음악을 이해할 수 있으며, 수학에 대한 선이해가 없다면 어떻게 수학을 이해할 수 있겠느냐고 말합니다. 즉 음악가든 수학자든 그 분야에 대한 선이해라는 전제가 있어야만 관계된 악보를 보거나 수학 문제를 풀 수 있다는 것입니다.

그는 성경 본문을 해석할 때도 선이해가 중요하다고 말합니다. 또한 성경 본문도 그 문제에 대해 사람들의 관심사가 일치하고 어느 정도 선이해가 있어야만 이해가 가능하

---

[85] Das Problem der Hermenutik, 216-217.

다고 말합니다. 그리고 이해를 위해 가장 중요한 것은 '무엇을 위해서'라는 해석자의 관심 동기라고 말합니다. 이것은 해석자의 관심이 어디에 있느냐에 따라 본문이 다르게 해석될 수 있다는 뜻입니다. 레알 마드리드 같은 축구 팀을 좋아해서 관심을 갖는 것과, 경영을 배우려는 의도로 관심을 갖는 것은 이해의 차원이 달라진다는 것입니다. 그는 해석자와 성경 본문의 저자가 완전히 다른 세계에 살고 있는데, 즉 그들의 관심사가 전혀 다를 수 있는데 어떻게 해석이 가능한지에 대한 답을 줍니다.

그는 저자와 해석자가 같은 역사적 세계에서 살아가고, 인간적 존재 안에서 하나의 환경에서 활동하며, 대상들이나 동료 인간들과 이해하는 대화를 하는 것이 해석의 전제가 되어야 한다고 말합니다. 그리고 그러한 이해를 하기 위한 대화에는 질문, 문제 제기, 투쟁과 고난도 속한다고 말합니다.[86]

불트만은 본문에서 문제가 되는 내용에 대한 관심이 해석에 대한 동기를 부여하고, 문제 제기와 '무엇을 위해서'를 가져온다고 말합니다. 그는 해석은 현재와의 관계에서 수행되어야 한다는 점을 계속해서 강조합니다.[87] 그리고 모든 해석은 필연적으로 그 시대와 우리 시대의 순환(Zirkle)

---

[86] 같은 책, 218-219.
[87] 같은 책, 221-222.

안에서 움직인다고 말합니다. 즉 개별 현상은, 한편으로는 성경 저자의 시대나 환경으로부터 이해될 수 있게 하고, 다른 한편으로는 그 본문이 우리 시대 자체를 비로소 이해할 수 있게 만든다고 말합니다.[88]

불트만은 성경책의 해석 역시 다른 일반 책들의 해석 방법과 다를 바가 없다고 주장합니다. "성경책의 해석은 다른 모든 문학책의 이해 조건들과 다른 조건을 가지지 않는다." 그는 다만 하나님의 행위로서 사건들에 대한 보도의 이해는, 인간의 행동이나 자연 사건들과 구분되는 하나님의 행위라고 부를 수 있는 것의 선이해를 전제하면서, 이해가 된다고 말합니다.[89]

지금까지 살펴본 바에 따르면, 불트만은 성경책의 이해 역시 다른 책과 다를 바 없이 해석자의 선이해로부터 시작하여 본문과 해석자의 해석학적 순환을 통해 이해에 이른다고 말합니다. 하지만 "전제 없는 해석은 없다"는 그의 말은 많은 오해를 불러일으켰습니다. 그는 자신이 어떤 의미에서 이 말을 사용하는지를 다음 논문에서 좀 더 분명하게 설명합니다.

---

[88] 같은 책, 223 ff.
[89] 같은 책, 231 ff.

2) 전제 없는 해석은 가능한가?

불트만은 1958년에 발표한 논문 "전제 없는 해석은 가능한가?"에서도 해석학에 대한 자신의 입장을 피력합니다.

그는 "전제 없는 해석은 가능한가?"에 대한 물음이 '해석의 결과가 전제되어 있지 않다'는 것을 의미한다면, "그렇다"라고 대답해야 한다고 말합니다. 그리고 이런 의미에서 전제 없는 해석은 가능할 뿐만 아니라 우리에게 명령된다고 말합니다. 그는 다른 의미에서 어떤 해석도 전제가 없을 수 없는데 이는 해석자가 백지 상태(tabula rasa)가 아니라, 정해진 질문이나 문제 제기를 가지고 다가가 본문에서 문제가 되는 내용에 대해 확실한 생각을 가지고 있기 때문이라고 말합니다.

그는 해석자가 결과를 전제하지 않는다는 의미에서 전제가 없어야 한다고 말합니다. 이런 요구는 본문에 대한 알레고리적 해석을 거부한다는 뜻입니다. 그는 알레고리적 해석은 본문에 대한 결과를 전제하면서, 해석자가 본문이 말하는 것을 듣지 않고 자신이 말하고자 하는 내용을 본문을 통해 말하려 하기 때문이라고 말합니다.[90] 그는 알레고리라는 전제를 포기해야 하며, 그와 동시에 마태나 마가 등이 예수님의 제자이기에 그들의 보도가 모두 옳을 것이라

---

90 *Neues Testament und christliche Existenz*, Ist voraussetzungslose Exegese möglich?, Mohr Siebeck, 258.

는 전제도 버려야 한다고 말합니다. 왜냐하면 제자들 역시 예수님이 메시아라는 도그마적 전제에 의해 이끌림을 받았기 때문이라고 말합니다.

불트만은 전제 없는 해석이 가능하지 않은 이유는, 모든 주석자들이 각자의 개성을 통해 특별한 호기심과 습관의 의미에서 자신의 은사와 약점에 의해 규정되므로 어떤 해석도 근본적인 성격을 갖지 못하기 때문이라고 말합니다. 그는 이런 의미에서 해석자가 본격적으로 주석을 달기 전에, 자신의 개성을 차단하고 순전히 객관적인 관심을 가지고 본문이 말하는 것을 듣도록 교육을 받아야 한다고 말합니다. 하지만 그럼에도 불구하고 본문에 대해 묻는 것에 무조건적으로 전제되어야 하는 것은 역사적 방법이고, 주석이란 역사적 해석으로서 역사학의 한 부분이라고 주장합니다.[91]

그는 주석가는 사전, 문법, 문체를 존중해야 한다고 말합니다. 이는 모든 본문은 그의 시대와 그의 역사적 영역의 범위에서 말하기 때문이라고 말합니다. 그리고 이런 사실을 주석가는 반드시 알아야 하는데, 이런 것에서부터 설명되어야 하는 본문이 유래하기 때문이라고 말합니다. 그는 모든 결정과 모든 행동은 원인과 결과를 가지며, 역사적 방

---

91 Ist voraussetzungslose Exegese möglich?, 259.

법들은 이런 것들과 그들의 접합을 보여 주고, 전체의 역사적 경과를 하나의 폐쇄된 통일로 이해하는 것이 근본적으로 가능하다는 것을 전제한다고 말합니다.[92] 그는 이런 폐쇄성은 역사적 사건의 맥락이 초자연적이고 저편의 권세들의 침입으로 인해 끊어질 수 없으므로 이런 의미에서 기적은 없다는 것을 뜻한다고 말합니다. 그는 하나님의 행위에 대해서는 역사학은 확인할 수 없으며, 단지 하나님과 하나님의 행위에 대한 신앙만 알 수 있다고 말합니다.

불트만은 역사학의 방법을 성경 본문에도 예외 없이 적용해야 한다고 주장합니다. 그는 성경책들은 역사적인 서류가 될 수 없으며, 도리어 신앙의 증거나 선포라는 점을 인정함에도 불구하고, 성경책들이 그 자체로 이해되어야 한다면, 먼저 역사적으로 해석되어야 한다고 말합니다. 이는 성경책들이 낯선 언어로, 우리와 멀리 떨어진 시대의 개념으로, 우리에게 낯선 세계상의 개념으로 말하기 때문이라고 말합니다. 간단히 말해, 성경의 본문들은 번역되어야(übersetzt) 하고, 번역은 역사학의 과제라고 말합니다.[93]

불트만은 번역에 대해 말하면 해석학의 문제가 대두되는데, 이는 번역한다는 것은 이해될 수 있게 만드는 것과 이해를 전제하기 때문이라고 말합니다. 그는 영향의 연관

---

[92] 같은 책, 260.
[93] 같은 책, 261.

으로서 역사의 이해는 개별적 현상을 연결시켜 주는 영향을 주는 힘들의 이해를 전제로 한다고 말합니다. 그 힘들은 경제적 욕구, 사회적 곤경, 정치적 권력 추구, 인간적 격정, 관념과 이상적인 것 등입니다. 그는 이런 요소들을 평가하는 데 있어서 그것들을 구분하고 하나의 통일된 관점을 얻기 위한 모든 추구에서, 개개의 역사가에게서 하나의 정해진 문제 제기나 하나의 정해진 관점을 늘 동반하게 된다고 말합니다. 하지만 이렇게 한다고 해서 역사상이 왜곡되는 것은 아니며, 도리어 하나의 관점만 절대시할 때 역사상이 왜곡된다고 말합니다.

불트만은 여기서 성경 해석에서 선이해의 중요성을 강조합니다. "우리가 종교나 철학이 무엇인지 알지 못하는데, 과연 종교나 철학의 역사를 이해할 수 있겠는가? 우리가 루터 당대의 가톨릭주의에 대한 저항을 알지 못하는데, 1517년의 루터의 조항들을 이해할 수 있겠는가?"[94] 그는 역사적 이해란 역사에서 문제가 되는 것과 역사에서 다루는 인간들에 대한 하나의 객관적인 이해를 전제한다고 말합니다.[95]

그는 "해석학의 문제"라는 논문에서 했던 이야기를 여기서 다시 한번 되풀이합니다. "역사적 이해는 본문에서

---

94 같은 책, 262.
95 같은 책, 262.

직간접적으로 말해지는 내용에 대한 해석자의 관계를 전제하고, 이런 관계는 해석자가 서 있는 삶의 연관을 통해 근거하고 있다."[96] 그는 삶의 관계의 토대 위에서 본문의 내용에 대해 정해진 이해는 주석에서 항상 전제되며, 그런 한에서만 어떤 해석도 전제 없이는 불가능하다고 주장합니다. 그는 이러한 이해를 선이해라고 부릅니다.

불트만은 계속하여 우리가 선이해를 가짐으로써 역사를 왜곡하는 것이 아니라, 자신의 선이해를 궁극적 이해로 간주함으로써 역사를 왜곡시킨다고 말합니다. 그리고 삶의 관계는 움직임 속에서만 참된 관계를 갖게 된다고 말합니다. 즉 문제가 되는 내용들이 우리 자신과 관계할 때만, 그리고 우리 자신을 위한 문제가 될 때만 참된 관계를 갖게 된다는 것입니다. 그는 우리가 역사의 문제들을 통해 움직이면서 역사에 대해 묻는다면, 역사의 문제들이 우리에게 실제적으로 말하기 시작한다고 주장합니다.

그는 지나간 것은 그 자체로 두면 죽은 것이고, 오직 해석자와의 토론 속에서만 살아 있게 된다고 말합니다. 그리고 역사와 함께 우리는 자신의 현존을 인식하게 된다고 말합니다. "역사적 인식(geschichtliche Erkenntnis)은 동시에 자기 인식(Selbsterkenntnis)이다." 그는 역사에 대해 중립적 태

---

96 같은 책, 262-263.

도를 유지하며 참여하지 않는 관중으로 맞은편에 서 있는 사람이 아니라, 스스로 역사 속에 서서 역사를 위한 책임에 참여하는 사람만이 역사를 이해할 수 있다고 말합니다. 그는 자신의 역사성을 통해 성장하는 역사와의 만남을 실존적 만남(die existentielle Begegnung)이라 부르며, 역사가는 전 실존을 가지고 이 실존적 만남에 참여한다고 말합니다.[97]

그는 역사와 실존적 관계를 맺는 것이야말로 역사를 이해하기 위한 근본 전제라고 말합니다. 하지만 이런 식의 실존적 역사 이해는 주관적 이해를 의미하는 것이 아니라고 말합니다. 그는 도리어 실존적 역사 이해는 역사의 객관적 내용 속에서 단지 실존적으로 움직이고 살아 있는 주관에 의해서만 이해될 수 있음을 의미한다고 말합니다. 그리고 이것은 자연과학을 이해하는 데 효력이 있는 주관과 객관의 도식이 역사적 이해에는 유효하지 않음을 의미한다고 말합니다.[98]

더 나아가 그는 이런 역사적 이해는 하나의 이해에 멈춰서는 안 되며, 계속 진행되어야 한다고 말합니다. "그러므로 우리는 하나의 역사적 사건은 항상 미래 속에서 비로소 인식할 수 있게 된다고 말해야 한다. 그렇기 때문에 우리도 다음과 같이 말할 수 있다. 하나의 역사적 사건에 그

---

97 같은 책, 263.
98 같은 책, 263.

의 미래가 속한다고 말이다."[99]

불트만은 이런 귀결이 성경책들의 주석에 어떤 의미를 갖는지에 대해 다음과 같이 요약합니다. "첫째, 성경 문헌들의 주석은 한 본문의 모든 해석처럼 선입견이 없어야 한다. 둘째, 주석은 바로 그 주석이 역사적 해석으로서 역사비판적 연구 방법을 전제하기 때문에 전제가 없는 것이 아니다. 셋째, 성경에서 문제가 되는 내용에 대한 주석자의 삶의 연관과 함께 선이해가 전제되어 있다. 넷째, 선이해는 결코 완결되지 않았고 도리어 열려 있기에 본문과의 실존적 만남에 도달할 수 있고 실존적 결단에 이를 수 있다. 다섯째, 본문에 대한 이해는 하나의 결정적인 이해가 아니라 도리어 열린 상태로 머무른다. 왜냐하면 성경의 의미는 자신을 모든 미래로 새롭게 연결시키기 때문이다."[100]

불트만은 선이해는 인간적인 삶을 움직이시는 하나님에 대한 물음에 근거되어 있다고 말합니다. 하지만 이것은 주석자가 하나님에 대해 가능한 모든 것을 알아야 한다는 것을 의미하지 않고, 도리어 주석자가 하나님에 대한 실존적 물음에 의해 움직인다는 것을 의미한다고 말합니다.

그는 본문과의 실존적 만남은 '예'와 '아니요'로, '고백하는 신앙'과 '분명한 불신앙'으로 이끌 수 있는데, 이는 본

---

99 같은 책, 264.
100 같은 책, 265.

문 속에서 주석자와 하나의 요구가 만나기 때문이라고 말합니다. 그리고 본문이 우리의 실존에 대해 말할 때 궁극적으로 이해되지 않는다고 말합니다. 이는 해석에서 유래하는 실존적 결단은 계속 주어질 수 없고 항상 새롭게 수행되어야 하기 때문이라고 말합니다.[101]

---

[101] 같은 책, 265-266.

3.
불트만 신학에 대한 평가

불트만의 신학에 전적으로 찬성하는 불트만 학파가 있고, 에벨링과 같이 해석학적 차원에서만 불트만의 주장 일부를 수용하는 신해석학파가 있습니다. 하지만 불트만의 신학은 전반적으로 비판의 도마 위에 올라 있습니다. 우리는 그가 신약학과 관련하여 제기한 문제점을 완전히 무시할 수는 없습니다. 하지만 우리는 정통 기독교가 주장하는 근본 진리의 관점에서 볼 때 불트만의 신학에 심각한 문제점이 있다고 말할 수밖에 없습니다. 그는 몇 가지 치명적인 실수를 저질렀습니다.

첫째, 무엇보다 그의 진리관이 문제입니다.

불트만은 하나님의 진리는 무시간적으로 타당한 진리가 아니라, 지금 구체적으로 나에게 말할 때만이 진리라고 말합니다. 그는 하나님이 지금 여기 있는 나에게 은혜로울 때만 하나님은 은혜로우시다고 말합니다. 그러나 진리에 대한 이런 이해는 매우 위험합니다. 진리의 객관적 척도가 지금 여기 있는 인간에 의해 결정되기 때문입니다. 그러면 하나님이 지금 여기 있는 나에게 은혜롭지 않으면 그분은 은혜로우신 분이 아니라는 뜻이 됩니다. 불트만이 신학의 과제에 대해 잘못된 이해를 가지고 있어서 이런 잘못된 진리관이 생긴 것입니다.

둘째, 그는 신학은 인간학이라고 말할 정도로 인간을 위한 신학을 강조합니다.

불트만은 인간이 자신을 알아야 신을 알 수 있다고 말합니다. 그래서 하이데거의 철학을 빌려 왔습니다. 그러나 하나님의 계시 없이 인간이 자신을 올바로 알 수 있을까요? 또한 예수 그리스도를 알지 못하고 어떻게 인간을 알 수 있을까요? 바르트는 예수 그리스도를 통해 하나님도 알 수 있고 나 자신도 알 수 있다고 말했습니다. 하지만 불트만은 나를 알아야 하나님도 알 수 있고 예수님도 알 수 있다고 말합니다.

셋째, 자유주의 신학자들이 역사라는 전제를 과대평가하여 성경 진리를 왜곡했다면, 불트만은 인간의 실존이라는 전제를 과대평가하여 성경 진리를

왜곡했다고 말할 수 있습니다.

불트만은 신약을 역사적 기록으로 보려고 하지 않습니다. 사복음서 기자들을 비롯한 신약의 저자들은 실제로 예수님을 따라다니면서 자신들이 보고 들었던 말과 행위를 기록했습니다. 이것은 역사적 예수에 대해 연구한 슈바이처 같은 이들도 부정할 수 없는 사실입니다. 하지만 불트만은 신약 본문의 역사적 진정성을 근본적으로 의심했습니다. 그는 신약이 신적 사건에 대한 실존적 의미를 적고 있다는 전제 아래, 신약이 역사적 사실의 기록이라는 전제를 너무 쉽게 포기해 버렸습니다.

넷째, 그는 역사적 예수에 대한 객관적 사실을 아는 것보다는 죽으시고 부활하신 예수 그리스도에 대한 소식, 즉 케리그마의 선포를 통해 신앙적 결단을 촉구하는 것이 더 중요하다고 강조합니다.

하지만 불트만은 사도들이 케리그마를 어떻게 강력하게 선포하게 되었는지는—즉 그들의 신앙의 근거에 대해서는—충분히 고려하지 않습니다. 신약의 저자들은 그분의 말씀을 통해 역사적 예수를 인격적으로 만난 후에 그분이 하나님의 아들임을 확신하게 되었습니다. 그 확신을 가지고 케리그마를 선포하게 된 것입니다. 하지만 불트만은 역사적 예수에 대한 사실을 의심한 나머지, 역사적 예수에 대한 연구를 그분과의 인격적인 만남으로 연결시키지 못하고 단지 케리그마를 선포하는 것의 중요성만 강조했습니다. 하지만 제자들은 예수님의 부활과 그분의 말씀으로 인해 그분과 인격적으로 만난 후에 케리그마를 선포한 것입니다. 에벨링은 불트만의 이런 약점을 보완하려 했습니다. 그래서 그는 역사적 예수와 그분의 말씀을 통해 그분을 인격적으로 만나는 것이 기독교 신앙의 근거라고 말하면서 불트만을 비판했습니다.[1]

다섯째, 그는 성경이 고대의 신화적 세계관에서 기록되었다는 전제로 시작하는데, 이런 전제는 객관성이 결여된 인위적인 전제가 아닌가 하는 의문이 생깁니다.

불트만은 신약성경이 당대의 주변 세계관의 영향 속에서 기록되었다는 전제를 너무 강하게 내세운 나머지, 종교사학파의 영향을 받아서 성경을 해석하려는 잘못을 범했습니다. 신약을 구약과의 관계에서 보는 소위 통시적인(diachronisch) 구속사적 해석을 포기하고, 종교사학파의 영향을 받아 공시적인(synchronisch) 실존적 해석으로 치우쳤습니다.

또한 그는 예수 그리스도의 부활과 같은 구속사의 핵심을 이루는 역사적 사건도 신화로 보려고 했습니다. 예수 그리스도의 역사적 부활을 단지 부활 신화로만 본다면, 구속

---

[1] *Gerhard Ebeling*, 267.

사는 증발되어 버립니다. 그리스도의 부활이 없다면 우리의 믿음이 무의미하다고 바울이 말하기 때문입니다.

그는 부활의 역사성을 부정할 뿐만 아니라 십자가와 부활의 의미도 정통 신학에서 해석하는 것과는 다르게 해석합니다. 십자가에 대한 이해에 있어서도 예수 그리스도의 십자가의 대속적 의미를 없애 버리고 개인이 세상 사람들에게 인정받고자 하는 인정 욕구를 못 박는 것으로 해석합니다. 그리고 타인을 위해 자신을 포기하는 것 등을 부활이라고 말하면서 십자가와 부활을 구분하지 않고 동전의 양면으로 보려고 합니다.

여섯째, 그는 신약을 구속사적 관점이 아니라 하이데거 철학의 도움을 입어 해석하려 했습니다.

이 점이 바로 불트만이 한 가장 큰 실수입니다. 그는 인간 실존 분석의 가장 올바른 해석으로 하이데거의 철학을 꼽았는데, 이것은 다분히 주관적인 견해입니다. 인간에 대한 철학의 분석은 다양할 수 있습니다. 어떤 면에서는 맞지만 다른 면에서는 틀릴 수 있습니다. 예를 들어, 하이데거는 불의한 히틀러 정권에 협력한 사람인데 그의 철학이 인간 실존을 올바로 분석했다고 말할 수 있겠습니까? 불트만은 현대의 인간 실존을 이해하기 위해서는 하이데거의 실존 철학을 알아야 한다고 말하면서도, 인간이 성령의 도우심을 받으며 성경을 읽고 문법을 잘 안다면 성경 자체가 인간 실존의 현주소를 말해 줄 수 있다는 사실은 믿지 않았습니다.

일곱째, 그는 선이해 없이는 올바른 해석이 안 된다는 선입견에 사로잡혀, 성경의 진정한 해석자이신 성령의 조명을 통한 해석의 가능성을 경시했습니다.

종교개혁자들은 성경은 성령의 감동으로 기록되었으므로 성령께서 도와주시면—즉 성령의 조명 사역으로—성경을 해석할 수 있다고 말합니다. 하지만 불트만은 성경을 인간의 자기 이해를 돕는 책으로 격하해 버렸습니다. 결국 신학을 인간학으로 만들어 버린 것입니다. 성경이 인간을 이해하도록 돕는 책이라는 사실은 부인할 수 없습니다. 하지만 성경은 우선적으로 하나님이 누구신지를 말해 주는 책입니다. 또한 인간뿐만 아니라 우주의 시작과 결국을 말해 주는 책입니다.

여덟째, 그는 역사를 통해 드러난 하나님의 계시를 무시했습니다.

탈신화화를 통한 인간학적 성경 해석은 결국 계시의 장으로서의 역사를 제거해 버렸습니다. 그의 신학은 판넨베르크가 주장했던 것처럼 역사 상실, 무역사성, 무세계성이라는 특징을 갖게 되었습니다. 그는 종말을 강조했지만 실존적 종말을 주장함으로써 역사적 종말을 부정하고 종말론을 사유화(Privatisierung)했습니다.[2] 그는 더 나아가 하나님의 나라라는 거대담론과 교회가 세상에 담당해야 할 책임을 약화시켰다고 볼 수 있습니다. 그는 자유주의가 기독교를 세계관으로 만들었다고 비판하면서, 세계를 변혁시키고자 하는 복음이 가진 세계지향성과 세계변혁적 성격을 잃어버리게 했다고 말할 수 있습니다.

---

[2] 김균진, 『20세기 신학사상 I』, 연세대학교출판부, 2003, 172 ff.

에필로그 · 신정통주의 신학에 대한 종합 평가

신정통주의 신학의 영향은 결코 과소평가될 수 없습니다. 구라파 신학과 교회에 끼친 영향은 말할 것도 없고 미국과 아시아에 끼친 영향도 대단합니다. 특히 미국에서 신정통주의 신학은 20세기뿐만 아니라 21세기인 지금까지 다수의 신학교에서 인기를 얻고 있습니다. 정통주의 신학, 자유주의 신학과 나란히 어깨를 겨루고 있습니다.

신정통주의 신학은 16세기 이후 개신교회가 가진 신학 체계를 근본적으로 뒤흔들어 놓았습니다. 성경 계시에 대해, 하나님에 대해, 구원에 대해 등 모든 신학의 조항에 새로운 방법의 이해를 도출했습니다. 여기서 신정통주의 신학이 개신교 신학과 교회에 가져온 혁명적 영향 가운데 몇 가지를 생각해 보고자 합니다.

신정통주의 신학은 무엇보다 신학을 하나님 중심에서 인간 중심으로 이동시켰습니다. 이 신학이 출발했던 20세기 초반에는 인간이 아니라 하나님을 외쳤지만, 후반으로 가면서 달라졌습니다. 바르트는 선택론과 화해론을 통해, 불트만은 실존적 성경 해석을 통해 인간을 위한 하나님으로 만들어 버렸습니다. 이런 맥락으로 보면, 자유주의 신학을 비판하면서 등장한 신정통주의 신학이 결국 자유주의 신학의 지향점에서 근본적으로 빠져나오지 못한 것입니다.

이 밖에도 신정통주의 신학은 계시와 성경을 구분한 점, 은혜의 하나님을 위해 진노의 하나님을 희생시킨 점, 역사 없는 신앙, 과거의 구원 사건을 지나치게 현재화시킨 점, 선포의 종말론적 차원을 말하면서도 역사적 종말론을 없앤 점, 하나님의 은혜보다는 인간의 자유의지를 강조한 점, 은혜의 수단을 소홀히 한 점 등 개신교의 정통주의 신학 체계와는 다른 체계를 만들어 냈습니다.

이 신학의 치명적인 문제점은, 복음을 현대인들이 이해할 수 있게 전달하려고 하면서 복음의 걸림돌(Scandal)을 제거해 버렸다는 점입니다. 그들은 원죄로 말미암는 십자가의 대속적 차원, 역사적 사실로서의 부활, 예수님의 수많은 기적을 하나님의 초자연적인 사건으로 해석하지 않고 단지 용서 사건으로 이해함으로써 기독교 신앙을 인간 이성의 차원으로 격하했습니다.

신정통주의자들은 자신들이 가장 많이 강조한 기독론에서—특히 예수님의 십자가와 부활을 평가하는 부분에서—

결정적인 실수를 저질렀습니다. 그들은 신학이 진정으로 기독론적이 되려면, 역사적 예수에 대한 사실과 그분이 하신 말씀의 토대 위에서 신학적 작업을 해야 한다는 사실을 과소평가했습니다. 역사 안에 오신ㅡ성육신하여 십자가에 못 박혀 죽으시고 부활하신ㅡ예수님으로부터 출발하여 신학을 펼치지 않고, 하늘로부터ㅡ그것도 그들이 이미 구상해 놓은 예수님으로부터ㅡ출발하여 관념론적으로 신학을 펼친 것이 이들의 엄청난 잘못입니다. 이들은 칸트나 헤겔이나 하이데거 같은 철학자들의 도움을 받아 현대인들이 좀 더 잘 이해할 수 있게 복음을 전하려고 노력했지만, 결국은 이런 철학자들의 사상의 틀 속에 케리그마를 묻어 버리는 과오를 범했습니다.

하지만 이들이 던진 여러 가지 질문과 신학적 사고에는 오늘날 정통주의 진영에 있는 신학자와 신앙인들에게 도전을 주는 부분도 있습니다. 우리는 이런 부분을 유익하게 사용할 수 있습니다. 이들의 파격적인 신학의 도전을 받으면서 정통주의 진영에서는 방어적 차원에서 성경을 좀 더 깊이 탐구하게 되었고, 현대인들에게 복음을 효과적으로 전할 수 있는 방법을 고민하게 되었습니다.

정통주의 진영의 교회에서 우리 진영의 책들도 다 읽지 못하는데 바른 신학이 아닌 현대 신학까지 공부해야 하느냐고 불평하는 이야기를 가끔 듣게 됩니다. 하지만 적을 알고 나를 알아야만 영적 싸움에서 승리할 수 있음을 잊지 말아야 합니다.

참고문헌

• **바르트의 저서** •

Der Römerbrief 1922, Theologischer Verlag Zürich, 1989. (『로마서』 복 있는사람)

Die kirchliche Dogmatik, Studienausgabe, Theologischer Verlag Zürich, 1981.

    KD 1: 1, Die Lehre vom Wort Gottes

    KD, II, 2, §§ 32-33, Gottes Gnadenwahl

    KD IV, 2, Die Lehre von der Versöhnung
        § 64-65 Jesus Christus der Knecht als Herr I, II
        § 66 Des Menschen Heiligung

Die protestantische Theologie im 19. Jahrhundert, Theologischer Verlag Zürich, 6. Auflage 1994.

『하나님의 인간성』, 새물결플러스, 2017.

『이해를 추구하는 믿음』, 한국문화사, 2013.

『말씀과 신학: 칼 바르트 논문집 I』, 대한기독교서회, 1995.

• 불트만의 저서 •

Glauben und Verstehen, Erster Band, Mohr Siebeck, Tübingen 1933. 1958.

Die liberale Theologie und die jüngste theologische Bewegung, 1924.

Welchen Sinn hat es, von Gott zu reden?, 1925.

Die Bedeutung der "dialektischen Theologie" für die neutestamentliche Wissenschaft, 1928.

Zur Frage des Wunders, 1933.

Glauben und Verstehen, Zweiter Band, Mohr Siebeck, Tübingen 1952.

Anknüpfung und Widerspruch, 1937.

Kerygma und Mythos, Herbert Reich-Evangelische Verlag, Hamburg Bergstedt 1967.

Neues Testament und christliche Existenz, Mohr Siebeck, Tübingen 2002.

Die christliche Hoffnung und das Problem der Entmythologisierung, 1954.

• 바르트와 불트만에 관한 저서 •

Balthasar, Hans Urs Von, *Karl Barth: Darstellung und Deutung seiner Theologie*, Johannes Verlag Einsiedeln, 4 unveränderte Auflage 1976.

Beutel, Albrecht, *Gerhard Ebeling: Eine Biographie*, Mohr Siebeck, Tübingen 2012.

Bromiley, Geoffrey W., *Introduction to the Theology of Karl Barth*, T&T Clark International, 2000. (『바르트 교회 교의학 개관』 크리스찬다이제스트)

Busch, Eberhard, *Karl Barths Lebenslauf: Nach seinen Briefen und autobiografischen Texten*, Chr. Kaiser Verlag 1975. (『칼 바르트』 복있는 사람)

Dembowski, Hermann, *Barth Bultmann Bonhoeffer*, CMZ-Verlag,

Winrich C.-W. Clasen, 2003. (『변증법적 신학의 이해: 바르트 불트만 본회퍼』 한국신학연구소)

Fischer, Hermann, *Systematische Theologie*, Verlag W. Kohlhammer, Stuttgart Berlin Köln 1992.

Greschat, Martin(Hrsg.), *Theologen des Protestantismus im 19. und 20. Jahrhundert II*, Verlag W. Kohlhammer, Stuttgart Berlin Köln Mainz 1978.

Jüngel, Eberhard, *Karl Barth, TRE Bd, 5*, Walter de Gruyter, Berlin New York.

Kantzenbach, Friedrich Wilhelm, *Programme der Theologie*, Claudius Verlag, München 1978.

Küng, Hans, *Rechtfertigung: Die Lehre Karl Barths und eine katholische Besinnung*, Serie Piper, Münschen 1986.

Schlegel, Thomas, *Theologie als unmögliche Notwendigkeit: Der Theologiebegriff Karl Barths in seiner Genese(1914-1932)*, Neukirchener, Göttingen 2007.

김균진, 『20세기 신학사상 I』, 연세대학교출판부, 2003.

김균진, 『헤겔과 바르트』, 대한기독교서회, 1983.

김영한, 『바르트에서 몰트만까지』, 대한기독교서회, 1982.

김용주, 『루터, 혼돈의 숲에서 길을 찾다』, 익투스, 2012.

그리스도인을 위한 현대 신학 강의 ❷
신정통주의 신학이란 무엇인가?

ⓒ 김용주

초판 1쇄 인쇄 | 2019년 8월 23일
초판 1쇄 발행 | 2019년 9월 3일

지은이 | 김용주
펴낸이 | 신은철
펴낸곳 | 좋은씨앗
출판등록 제4-385호(1999. 12. 21)
주소 | 서울시 서초구 바우뫼로 156(양재동, MJ빌딩), 402호
주문전화 | (02) 2057-3041 주문팩스 | (02) 2057-3042
이메일 | good-seed21@hanmail.net
페이스북 | www.facebook.com/goodseedbook

ISBN 978-89-5874-323-1 04230

이 책의 저작권은 저자 및 저자와 독점 계약한 도서출판 좋은씨앗에 있습니다.
신저작권법에 의해 한국 내에서 보호를 받는 저작물이므로 무단 전재와 무단 복제를 금합니다.